PHYSIOLOGIE

DE LA FEMME

LA PLUS MALHEUREUSE DU MONDE,

PAR E. LEMOINE.

Dessins par Valentin.

PARIS.

ERT, ÉDITEUR, | LAVIGNE,
de la Bourse. | 1, rue du Paon Saint-André.

Publication d'Aubert et Cie, place de la Bourse, 29.

Livres illustrés.

Les Animaux peints par eux-mêmes, magnifique volume illustré par Grandville. — Les Fables de Florian, par le même artiste. — Les Femmes de Shakspeare, livre de luxe, orné de gravures anglaises. — Les Beautés de lord Byron, texte par Amédée Pichot, gravures anglaises du plus grand mérite. — Le Muséum parisien, texte par L. Huart, dessins par Gavarni, Daumier, Grandville et autres. — Les Fables de Florian, édition illustrée par Victor Adam. — Paris daguerréotypé, les rues de Paris avec texte explicatif et historique. — La Galerie de la Presse, de la Littérature et des Beaux-Arts, trois gros volumes : 147 portraits des artistes et gens de lettres en réputation. — Les Fastes de Versailles, texte par M. Fortoul, gravures anglaises et françaises. — Physiologies par MM. Balzac, — Delor, — L. Huart, — Lemoine, — H. Monnier, — Maurice Alhoy, — Marco Saint-Hilaire, — Ourliac, — Philipon, — James Rousseau, — F. Soulié et autres ; dessins de Daumier, — Gavarni, — Janet-Lange, — A. Menut et autres.

Les Cent-et-Un Robert-Macaire, texte par MM. Maurice Alhoy et Louis Huart, dessins par *Daumier*, sur les idées et légendes de *Ch. Philipon*, 2 beaux volumes, 101 dessins. Prix, 20 fr.

Le Musée pour rire, texte par MM. *C. Philipon*, *Louis Huart* et *Maurice Alhoy*; dessins de MM. *Gavarni*, *Grandville*, *Daumier*, *Bouchot* et autres, 3 beaux volumes. Prix : 30 fr.

Estampes.

Estampes d'encadrement, — Estampes de genre, pour albums, etc., — Modèles de figures, de paysages, de fleurs, d'animaux, — Ornements anciens et modernes, — Costumes de théâtre et de travestissements, — Costumes civils et militaires, — Dessins pour les fabricants d'étoffes, d'impression sur toile et sur papier, de broderies, de tapis, etc., etc.

Caricatures.

La maison Aubert a fondé les journaux qui publient des

PHYSIOLOGIE

DE

LA FEMME LA PLUS MALHEUREUSE DU MONDE.

IMPRIMÉ PAR BÉTHUNE ET PLON, A PARIS.

Physiologie
DE LA FEMME
LA PLUS MALHEUREUSE DU MONDE,

PAR

Édouard Lemoine.

VIGNETTES

DE VALENTIN.

PARIS,

AUBERT et Cie, LAVIGNE,
Place de la Bourse.   Rue du Paon St-André, 1.

CHAPITRE PREMIER.

Qu'est-ce que le malheur ?

En voilà une question qui est grosse, grave, profonde, ardue, épineuse, et, si j'ose m'exprimer ainsi, — pas très facile à résoudre.

Le malheur, vous diront certains philosophes, c'est ceci.

Le malheur, s'écrieront certains autres philosophes, ce n'est pas ceci; c'est cela.

Je vous dirai, moi : « Le malheur, ce n'est ni ceci ni cela ; c'est ceci et cela tout à la fois. »

J'irai plus loin, et j'ajouterai : « Le malheur, c'est tout... et bien d'autres choses encore. »

Car, ainsi que le fait observer, je ne sais plus où, je ne sais quel grand écrivain, — est-ce Massillon ou Odry ? je ne m'en souviens pas, et ne me soucie guère de m'en souvenir, — il y a malheurs et malheurs, comme il y a fagots et fagots.

Personne ne nie cette haute et puissante vérité ; elle est comme le soleil, elle luit pour tout le monde. Mais une vérité qui — **comme** une lampe d'élite — ne luit que pour un petit nombre d'intelligences, c'est que de tous les malheurs qui peuvent frapper l'homme ou la femme, les plus grands sont les plus petits, et, — réciproquement, — les plus petits sont les plus grands.

Ne dites point, ô lectrice, que je joue ici au paradoxe. Je suis un être éminemment peu paradoxal, un être fort simple, fort naïf, fort naturel. Je ne cherche pas midi à quatorze heures ; j'expose les faits comme je les vois, — bonnement et bourgeoisement. Or, si je vous affirme qu'à mes yeux « les plus grands malheurs sont les plus petits et, — réciproquement, — les plus petits les plus grands, » c'est que c'est là ma conviction.

Et cette conviction, — saugrenue en apparence, — n'a rien d'étrange si on l'examine, si on la pèse avec une certaine attention. — Pesez-la donc, je vous prie, dans la balance de votre équité.

D'autres que moi l'ont eue, cette conviction, — d'autres dont l'opinion n'est pas à mépriser.

Byron, par exemple, n'était-il pas exactement de mon avis lorsque, de sa veine féconde, il laissait échapper les vers suivants, si beaux, si harmonieux, empreints d'une mélodie si tendre et si suave? — Comme vous pourriez fort bien ne savoir l'anglais que fort mal, et même point du tout, je vous citerai les vers dont il est question en humble prose française :

« ...Les contrariétés, les désappointements,
» sont les douleurs les plus horribles que puisse
» endurer l'humaine nature; celles de nos af-
» flictions qui nous tirent des larmes méritent
» à peine qu'on les appelle des afflictions. Mais
» ce qui use véritablement notre être, ce sont les
» petits ennuis de tous les jours, de toutes les
» secondes; c'est la douleur tombant goutte à

« goutte sur notre âme, et la pénétrant comme
» l'eau pénètre la pierre. »

Ainsi parle l'immortel Byron, et, je l'avoue, je ne parlerais pas mieux. — Comme cet aveu-là est flatteur pour l'immortel Byron !

Un de mes amis, — qui ne s'appelait pas Byron, et cependant n'était pas complétement un imbécile, — s'est appuyé un beau jour un pistolet sur la tempe ; — était-ce la tempe gauche ou la tempe droite ? ceci est un point que je n'ai point à éclaircir ; laissons-le dans le vague, s'il vous plaît. — Il voulait en finir avec la vie... Savez-vous pourquoi ?

Parce qu'il n'avait pas dormi de la nuit, attendu que, de minuit à quatre heures du matin, des matoux amoureux étaient venus miauler sur sa fenêtre, et que, de quatre heures du matin à huit heures, il avait entendu un sien voisin s'éveiller, bâiller, se lever, faire nombre de malles, dire adieu à sa femme qui se lamentait, — je vous demande un peu à quel propos ? — imposer silence, puis, de guerre lasse, donner le fouet à ses enfants, qui, sous prétexte que monsieur l'auteur de leurs jours, commis-voyageur de son état, partait pour une tournée départementale, se livraient à des piailleries, — filiales si vous voulez, mais — horriblement exagérées.

Parce que, chassé de son lit, où il n'avait pu trouver le sommeil, et désireux de se faire la barbe, il avait reconnu, après plusieurs tentatives inutiles, que ses rasoirs ressemblaient à d'aimables scies et n'étaient plus bons qu'à lui

déchiqueter l'épiderme, — genre d'opération que mon ami ne savait subir qu'en commettant des contorsions qui n'ont de nom dans aucune langue.

Parce que son bottier lui avait apporté des bottes trop courtes et un mémoire trop long.

Parce que son café sentait la chicorée, son lait était tourné, et son pain de gruau déplorablement brûlé.

Parce qu'au moment où il allait sortir, — orné d'une toilette renversante et d'un regard très fripon pour courir à un petit rendez-vous que lui avait accordé la veille une grisette trèsphilanthrope par caractère, très-mince de taille, et très-agaçante par son nez à la Roxelane, son épouse, — son épouse légitime, femme peu belle et pas mal âgée, — s'était mise en travers de la porte ; puis, lui présentant de la main droite un bouquet de roses d'une dimension pyramidale, et lui offrant de la main gauche cinq ongles longs et crochus, lui avait dit d'une voix demi-amoureuse, demi-menaçante : « Je te prie de ne pas sortir aujourd'hui... je ne veux pas que tu sortes. (*Ton câlin*) : T'as donc oublié que c'est la Saint-Jean, la fête à toi, qui est la petite bibiche à moi ?... (*Ton furieux*) : Tu t'étais fait beau dans l'espoir de me planter là, et d'aller sans moi courir la pretentaine !... tu n'iras pas... (*Ton câlin*) : Reste avec ta poupoule, et nous passerons une journée délicieuse, et je te souhaiterai une bonne et heureuse fête, accompagnée de plusieurs autres... Heim? dis, veux-tu me faire ce plaisir, ma petite fille chérie ?... (*Ton furieux*) : D'abord, si tu ne me le fais pas, je t'arrache les yeux !!! »

Mon ami, qui n'aime pas le scandale, s'était résigné à ne pas se faire arracher les yeux ; il n'avait pas franchi le seuil de l'appartement conjugal ; mais, laissant son épouse vaquer à la confection du déjeuner de circonstance, il s'était retiré dans son cabinet de travail, et là, après avoir repassé dans sa mémoire toutes les calamités qui s'étaient donné le mot pour l'accabler coup sur coup, il avait saisi son pistolet, et, le doigt placé sur la gachette dudit instrument, il allait s'expédier pour les sombres bords, lorsque sa porte s'entr'ouvrit, et une face apparut...

C'était la mienne !...

A l'aspect de ce pistolet appuyé sur cette tempe, — ou, si mieux vous aimez, de cette tempe appuyée sur ce pistolet, — je compris tout de suite de quoi il était question, — car j'ai beaucoup d'intelligence, — et, saisissant le bras de mon ami, je lui dis avec cette énergie dramatiquement échevelée que possèdent la plus grande partie de MM. les Talmas du boulevard :

— Tu veux cesser de vivre; mais je voudrais bien savoir si tu as commencé! Quoi! fus-tu placé sur la terre pour n'y rien faire? Le Ciel ne t'impose-t-il point avec la vie une tâche pour la remplir? Si tu as fait ta journée avant le soir, repose-toi le reste du jour, tu le peux; mais voyons ton ouvrage. Quelle réponse?...

J'étais lancé, et j'allais certainement lâcher quelques torrents d'éloquence, lorsque mon ami, m'interrompant au plus beau de mon exorde avec une brutalité de mauvaise compagnie, me dit :

— Es-tu venu ici pour me débiter du Jean-Jacques Rousseau? J'ai l'honneur de te prévenir que je sais par cœur la diatribe que l'éloquent Génevois a fulminée contre le suicide...

— Du moment que tu la sais, je m'épargnerai la peine de te la réciter; mais je me permettrai de t'apprendre que le suicide est une chose fort malsaine.

— Que m'importe? La vie m'est à charge...

— Pourquoi cela?...

— Parce que 1°... (voir plus haut les raisons que m'allégua mon ami).

— Bah! fis-je, tout cela n'est rien... Il y a dans ce bas monde des misères bien plus misérables que celles dont tu te plains, et on les supporte... Toi-même, tu les as supportées, — en rageant, il est vrai; mais qu'importe? tu les as supportées. —

— Il n'y en a pas de plus désastreuses que celles dont j'ai été assailli depuis hier soir.

— Il y en a tant, que je prends ici l'engagement de t'énumérer cent nonante-trois malheurs plus épouvantables, bien plus complets que les malheurs manqués, les malheurs-embryons dont tu te plains...

—. Cent nonante-trois?...

— Cent nonante-trois; ni plus, ni moins.

— Ce nombre me plaît... Récite-moi les cent nonante-trois malheurs que tu as la fatuité de trouver plus corsés que les miens; et si tu tiens ta promesse, je te récompenserai largement...

— De quelle manière ?...
— En consentant à vivre...
— Tu le jures?
— Je le jure..
— Sur la tête de ta femme?

— Et sur celle de mon portier... Qu'ils périssent tous deux de mort violente si je manque à mon serment!!...

— Voilà qui va bien... Je commence, — comme dit le pieux Énée à la belle Didon ; seulement je serai plus bref et moins attendrissant que ce héros hydraulique. —

Ici mon ami s'arrangea dans son fauteuil à la Voltaire ; il prit cette pose profondément attentive dans laquelle se complait le directeur de spectacle qui va entendre la lecture d'un drame en cinq actes, avec prologue, épilogue, et autres additions de circonstance.

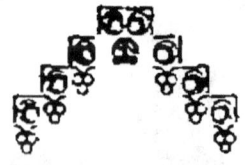

17

CHAPITRE II.

Litanie FORT ABRÉGÉE des malheurs RÉELS auxquels un homme — honnête ou non — est exposé par cela seul qu'il fait partie de l'espèce DITE humaine.

I.

Avoir obtenu d'une beauté blanche et fraîche la tant douce faveur de cueillir sur ses lèvres purpurines un baiser tout parfumé d'amour, d'innocence et de jeunesse; s'approcher, palpitant de désirs, de cette bouche qui ressemble au calice embaumé

2

de la rose, et reconnaître, à de traîtresses émanations, que la beauté susdite a une passion fanatique pour le cervelas à l'ail.

II.

Avoir résolu de renoncer aux folies de jeunesse, être à la veille d'épouser une dot de cent mille francs, et, le mercredi des Cendres, à la sortie du bal Chicard—alors qu'on est déguisé en sauvage de l'Orénoque et qu'on a sous le bras une Camargo très flambarde—se trouver nez à nez avec un vieillard, une vieille femme et une jeune fille, lequel vieillard est le père de la dot, la vieille femme la mère de la même, la jeune fille la dot en chair et en os ; voir le vieillard saluer d'un air narquois ; l'entendre dire à haute et intelligible voix : « Monsieur le sauvage, j'ai l'honneur de vous présenter mon respect ; votre costume et votre société me paraissent d'un goût également recherché. »

III.

Avoir une audience particulière d'un ministre duquel on sollicite ou la croix d'honneur ou les épaulettes de capitaine, et, comme on s'apprête à démontrer à son excellence qu'on est un Bayard, un Latour-d'Auvergne ou même un Napoléon, se trouver pris d'une colique de miséréré.

IV.

S'être fait friser, avoir endossé son habit neuf — son unique! — aller dîner en ville, et recevoir, des mains d'un laquais maladroit, une saucière de sauce aux tomates, ou une matelote d'anguilles, partie sur la tête, partie sur le dos.

V.

Donner le bras à une femme délicieuse, passer avec elle devant le perron de Tortoni, la voir jeter un regard sournois du côté des salons de l'illustre glacier, l'entendre dire que la chaleur est étouffante, et n'avoir pas quarante sous dans sa poche!

VI.

Être au spectacle à côté d'un voisin questionneur, qui vous demande ce que vous pensez des femmes qui assistent à la représentation ; lui répondre que vous les trouvez toutes passables, sauf deux, une jeune et une vieille, dont la tournure, la figure et la toilette sont ridicules au delà de toute expression : observer que le voisin rougit, pâlit, verdit, jaunit, se gratte la tête, se dévore les lèvres; et deviner que, de ces deux dames aux dépens desquelles vous avez été impertinent et grossier, l'une est la fille, l'autre la femme du questionneur.

VII.

Entrer dans un salon, l'œil ardent, le front vainqueur, le jarret tendu; remarquer que toutes les femmes s'éloignent en portant leurs flacons et leurs mouchoirs à leurs narines; s'examiner de la tête aux pieds et reconnaître qu'on a marché sur quelque chose qui n'était ni une rose, ni une violette, ni un sachet de patchouli.

VIII.

Voir une dame qui, par un vent furieux, sur un boulevard prodigieusement fréquenté, s'efforce, mais en vain, de rabaisser ses jupons, qui s'élèvent bien plus haut que ses jarrets; rire, avec cent badauds, de la perspective ronde ou ovale, grasse ou maigre, qu'on a sous les yeux: et quand on a bien ri, quand les jupons et le vent sont tombés, dans la victime de l'ouragan reconnaître sa femme, à laquelle on est forcé d'offrir ses compliments de condoléance et une citadine — et ce au milieu des huées d'une populace en délire.

IX.

Adorer le fromage de Roquefort, n'aimer que fort peu les asticots, et jouir d'un ami qui, à l'aide d'un microscope, vous force à reconnaître que dans tous les fromages de Roquefort possibles il y a beaucoup plus d'asticots que de fromage.

X.

Aller de Calais à Douvres en compagnie d'une Anglaise blonde, frêle, vaporeuse, laquelle a le regard très tendre, les épaules d'un blanc d'ivoire, la physionomie voluptueusement poétique; avoir engagé avec la susdite une conversation essentiellement éthérée sur les joies de la vie métaphysique; en être venu, tout en flétrissant de ses mépris les plus consciencieux ce que les plaisirs matériels ont d'horrible, à serrer dans sa main la main de la langoureuse lady, voir son sein qui palpite, ouvrir la bouche pour dire : « Oh! vivre d'amour, rien que d'amour, des soupirs de celle qu'on aime, de ses larmes, de ses baisers, de ses caresses.... » ne pouvoir pas dire cela, en être empêché par une violente nausée, et, en dépit qu'on en ait, lancer au visage de l'ange qu'on adore un fricandeau à l'oseille peu digéré....

XI.

Être au bal chez un ambassadeur de Prusse — ou chez un chef de claque — avoir pour vis-à-vis une eune personne à laquelle on veut plaire, et sentir, au moment où l'on risque un pas de Zéphire assez badin, que le vêtement nécessaire dans lequel on est logé vient de se déchirer quelque part.

XII.

Être sur le boulevard de Gand, se donner un air mylord — sous prétexte qu'ont est vêtu de son plus beau paletot, de ses bottes et de ses moustaches les mieux cirées, de ses cheveux les mieux pommadés, de sa barbe la plus grassement astiquée, de son chapeau le plus cossu, — et pendant que, au milieu d'un cercle de dandys, on cause de ses rentes sur l'État, de ses chevaux, des nombreuses maisons que l'on a sur le pavé de Paris, des prés que l'on possède en Beauce et de ses magnifiques vignes de Bourgogne, des billets de mille qu'on a gagnés la veille à la soirée de la fameuse princesse Tchifatinska, de l'horreur profonde qu'on a pour ce qui ressemble à une dette, être abordé par une femme qui porte au bras un panier de blanchisseuse, et, d'une voix perçante, colère et moqueuse, vous crie : « Dites donc, Monsieur Arthur, est-ce que vous ne pourriez pas me payer les cinquante-sept sous que vous me devez depuis dix-huit mois?... »

XIII.

Dormir d'un profond sommeil, rêver qu'on est sultan, qu'on est entouré de houris, d'odalisques et d'esclaves blanches comme des lis, jaunes comme de l'ambre, noires comme l'ébène, qui vous font des mines très-agaçantes, vous lancent des œillades brûlantes d'amour et de désirs, et exécutent en votre honneur des danses médiocrement modestes; avoir — dans un transport érotique — jeté le mouchoir à la plus belle de toutes...... l'apercevoir, cette odalisque, la plus belle de toutes les odalisques, qui, les regards humides de volupté, le sein haletant, la bouche en cœur, se penche vers son sultan — lequel sultan, rappelez-vous bien ceci, n'est autre que vous-même — et va déposer sur les lèvres du susnommé un de ces baisers orientaux qui ont la réputation de pénétrer jusqu'à la moelle des os ceux qui les reçoivent..... et tout à coup entendre un grand bruit, se réveiller, se trouver face à face avec des hommes horriblement laids — dont un juge de paix orné de son écharpe — lesquels vous annoncent qu'ils viennent vous contraindre par corps.

XIV.

Être une Lorette jeune, jolie, amoureuse ; se glisser à pas de loup, en longeant la muraille du côté des Tuileries pour y retrouver un Arthur délicoquentieusement séducteur, avec lequel on se propose de courir à Montmorency manger des cerises et un poulet en karrik à l'indienne, boire du lait chaud et du vin de Champagne frappé, monter à âne et tomber sur l'herbe; et,

au coin de la rue Royale ou de la rue de Rivoli, au moment où déjà l'on touche au bonheur, rencontrer son protecteur — homme d'un âge et d'une amabilité problématiques, qui ne sait ni monter à âne, ni tomber sur l'herbe ; — être forcée d'accepter son bras et de s'en aller dîner en tête-à-tête avec lui dans un cabinet particulier, où l'on passe deux heures à bâiller d'une façon démesurée.

XV.

Avoir été dans sa jeunesse un causeur très distingué, ne pas pouvoir se figurer qu'à soixante ans on n'a ni la vivacité, ni la verve, ni la facilité d'un adolescent : solliciter d'une femme charmante un entretien particulier, l'obtenir, et, une fois là, ne pas trouver le plus petit mot à lui dire.

XVI.

Être directeur de spectacle, avoir mis la main sur ce qu'en termes de théâtre on appelle une pièce à argent, et chaque soir, alors qu'on vient vérifier l'état de la recette, avoir à subir de la part de ses contrôleurs une petite confidence à peu près ainsi conçue : « Monsieur votre frère aîné a fait placer quatre personnes dans une première loge ; il a demandé la meilleure. M. votre frère cadet a demandé deux stalles d'orchestre pour deux de ses amis les plus intimes : nous lui avions offert des stalles de second rang ; il les a refusées, alléguant que ses deux amis intimes sont très myopes et ne voient bien que du premier rang. On les a mis au premier rang. — Monsieur votre père a placé deux de ses connaissances dans une loge. Il n'a pu avoir la meilleure, attendu que monsieur son fils aîné l'avait prise. — Madame votre tante (vous savez, la grosse boulotte?) s'est présentée avec quelques amies; ces dames occupent six stalles de balcon et ont prié qu'on en gardât trois autres pour trois dames qui viendront peut-être. — Madame votre tante (l'autre, vous savez, la grande brune?) est dans une baignoire avec sa nièce. — Deux de messieurs vos cousins sont à l'orchestre, deux autres sont aux secondes loges; comme ils accompagnent des dames, ils auraient voulu qu'on les mît aux premières. Ces messieurs ont paru très fâchés de ce contre-temps. — Sept de vos camarades de collége sont au pourtour; un essaim de journalistes voltige à droite et à gauche, en haut et en bas; une demi-douzaine de vos amis encombrent les corridors, où ils causent à haute voix pour se consoler de ce que nous n'avons pas osé prendre sur nous de leur donner la seule avant-scène qui fût libre. — Quelques frères, quelques amis, quelques connaissances de monsieur votre associé se sont casés çà et là, le plus commodément qu'ils ont pu. — Monsieur votre bottier vous attend pour vous essayer des bottes. Il a demandé la permission de vous attendre dans une seconde de côté; il est avec sa femme et son moutard. — Monsieur votre portier, qui avait une lettre très-pressée à vous remettre, est entré au parterre; il vous remettra la lettre à la fin du spectacle.... Du reste, la recette est bonne; mais si messieurs vos parents, messieurs vos amis, messieurs vos camarades de collége, messieurs les journalistes, etc., etc., eussent payé leurs places, nous aurions fait trois cents francs de plus. »

XVII.

Avoir dix-sept ans, être gentille à croquer, gaie, pétulante; avoir obtenu de la maîtresse de la pension, où l'on est encore recluse, la permission tout exceptionnelle d'assister à un grand bal: être assaillie dès son entrée dans la salle de danse par une masse d'invitations, et ne pas pouvoir en accepter une seule, attendu que, désireuse de faire petit pied, on a mis des souliers trop étroits.

XVIII.

Être un viveur, avoir un besoin absolu de

mille écus, s'adresser à un usurier qui, en échange de trois mille francs en lettres de change à très-courte échéance, vous offre—trois cent cinquante francs espèces, deux cent bouteilles d'un vin de Madère non potable, mille francs de brosses à dents — et ne pouvoir refuser cette offre dérisoire, par l'excellente raison qu'on doit, le soir même, souper au Café Anglais avec un petit rat de la plus belle espérance.

XIX.

Recevoir d'un père de province la lettre suivante : « Mon cher fils, voilà trois ans que tu étudies ton droit à Paris ; jusqu'à ce jour tu as refusé de venir passer tes vacances auprès de nous, afin, nous as-tu dit, de te livrer plus complétement au travail. Ce motif est trop louable pour que nous ne l'ayons pas respecté ; mais, d'après la lettre dans laquelle tu me demandes mille francs pour subvenir aux frais de ton dernier examen et de ta thèse, tu touches au but ; d'ici à un mois tu vas être avocat ! Le jour où tu seras reçu sera un grand jour pour la famille, et, tous, nous avons résolu d'assister à ton triomphe.... Oui, mon ami, demain je pars avec ta mère, tes frères et ta sœur. Nous te portons les mille francs dont tu as besoin. Ton logement, que, d'après la description que tu nous en as faite, nous connaissons comme si nous l'avions vu, est vaste, commode, bien aéré, abondamment pourvu de meubles : nous descendrons tous chez toi ; nous serons là mieux et plus économiquement qu'à l'auberge. Envoie ton domestique Baptiste au-devant de nous ; il se chargera des paquets. Quant à toi, qui en ce moment n'as pas une seconde à perdre, ne te dérange pas de ton travail. Adieu, monsieur le piocheur, nous vous embrassons de cœur. A bientôt. » Recevoir une semblable lettre, et — n'avoir pas même passé son premier examen; — être logé, comme le sont beaucoup d'étudiants, dans une mansarde où l'on vit conjugalement avec une grisette; — n'avoir en fait de domestique mâle que la plus édentée des portières — et, pour tout meubles, posséder des pipes et un fer à papillotes.

XX.

Être un petit jeune homme de seize ans qui s'est épris d'une folle passion pour une dame très-belle, très-coquette, très-élégante — en un mot très-chicandarde; — être admis chez ladite dame, dans un boudoir où règne un demi-jour; perdre, à l'aspect de cette Armide, le peu de raison que l'on possède; s'asseoir à l'aventure sur un fauteuil ou sur un canapé quelconque; puis, après une demi-heure d'une conversation dans laquelle on a été d'une bêtise déplorable, entendre l'Armide qui dit à sa femme de chambre : « Justine, voici M. Jules qui va me conduire aux Champs-Élysées: donnez-moi ma capote : vous savez, la délicieuse capote de gaze que l'on m'a apportée ce matin? Je veux la mettre pour faire honneur à M. Jules... » Et la femme de chambre qui répond : « Madame, voilà un grand quart d'heure que je la cherche sans la trouver... » S'apercevoir alors qu'on est assis sur quelque chose qui n'est pas un coussin, porter une main furtivement timide à son centre de gravité, sentir comme un petit tapon de gaze, de rubans et de plumes.... être tout à coup inondé d'une sueur froide et ne plus oser bouger.

XXI.

Avoir un ami auquel on fait une narration qu'en soi-même on trouve spirituelle et amusante, s'apercevoir, au plus beau moment de la narration, qu'il est tombé du haut de son fauteuil; le croire frappé d'apoplexie, courir à son aide.... le voir ouvrir de grands yeux.... bâiller et l'entendre vous dire comme Perrin Dandin à l'Intimé :

> ... Hé! bien? eh! bien? quoi? qu'est-ce? ah! ah!
> quel homme!
> Certes, je n'ai jamais dormi d'un si bon somme.

Ce malheur, je viens de le connaître.... je suis furieux...... Donc je laisse là mon chapitre.

CHAPITRE III.

Où l'auteur avoue une de ses infirmités, et pose une question.

Je pourrais reprendre la litanie commencée et si brutalement interrompue dans le chapitre précédent; j'en ai le droit. Ce droit, je n'en userai pas; la chute de mon ami m'a donné à penser; devine qui voudra les cent soixante-douze malheurs dont il me convient de supprimer la nomenclature.

Maintenant, qu'il me soit permis de vous poser une question, ma charmante lectrice...

Et ici, je supplie mon lecteur de ne pas se scandaliser si, cette fois encore, je m'adresse plutôt à une dame qu'à lui : je lui avouerai en confidence que j'ai l'infirmité de préférer, de beaucoup, la conversation des femmes à celle des hommes.

D'où vient cette préférence ?... le sais-je ?

Quoi qu'il en soit, ô charmante lectrice, voici ma question : « A présent que je vous ai expliqué qu'à l'instar de Byron et autres grands hommes, j'ai découvert que le malheur, — j'entends le malheur vrai, — consiste uniquement dans les mille millions de petites pointes d'épingles qui entrent, le jour comme la nuit, la nuit comme le jour, dans les chairs de la vie humaine, m'autorisez-vous à vous démontrer qu'il n'est pas dans tout Paris une mansarde, une arrière-boutique, une échoppe, un palais, un hôtel, qui ne renferme au moins une femme ayant le droit de se proclamer — la femme la plus malheureuse du monde?—Répondez ; voulez-vous que je vous fasse cette démonstration ?

Vous ne répondez pas, charmante lectrice ?

« Qui ne dit mot consent. »

Donc, ô ma charmante lectrice, vous consentez à faire avec moi la revue de cet intéressant troupeau de victimes innocentes, malheureuses et persécutées. — Acceptez mon bras, belle dame, et partons!

CHAPITRE IV.

Ce qu'il y a de délicatesse dans le cœur d'une pâtissière.

Il y a, rue Saint-Honoré, je ne vous dirai pas au juste à quel numéro, — attendu que je ne veux afficher personne, — une excellente pâtisserie. Là se rencontre, entre deux et trois heures, tout ce que le territoire si fertile de Saint-Roch produit de lions et de lionnes, de léopards et de léopardes, de rats, de panthères et autres animaux de tous les sexes et de tous les âges, de toutes les longueurs, de toutes les largeurs et de toutes les couleurs, tous non moins curieux que ces drolatiques, mirifiques et comiques *Animaux peints par eux-mêmes* dont mon ami Hetzel a entrepris, — vous savez avec quel luxe et quel esprit, — la portraiture morale et physique.

Là vient cette élégante équivoque qui se dispose à faire aux Tuileries une excursion dont elle ne peut d'avance calculer la durée, car elle se rend sous les ombrages frais pour y chercher tout autre chose que l'ombre et la fraîcheur, — tout autre chose qu'elle trouvera peut-être fort tard, qu'elle ne trouvera peut-être pas du tout. — Chasseresse expérimentée, comme elle sait que le gibier est de sa nature un être fort capricieux qui bien souvent s'amuse à ne pas tomber dans les filets qu'on lui tend, et se livre parfaitement à une fuite des plus féroces quand on croit le tenir, elle se garnit l'estomac d'une demi-douzaine de petits pâtés et d'un immense verre d'eau clarifiée, afin d'attendre plus patiemment ou le dîner, — ou le souper que souvent sa chasse ne lui fournit pas.

Là, le parasite qui dîne tous les jours en ville, ne déjeune jamais, et vers le milieu de la journée trompe son appétit par une fallacieuse brioche.

Là, le gourmand, à la face rebondie, à l'abdomen proéminent, ingurgite tout à la fois et le vin de Madère, et les meringues, et les massepains, et les pets de nonne, le tout pour amuser son estomac jusqu'à ce que le moment soit venu de s'abandonner à des voluptés plus substantielles.

Là, l'Anglaise, toujours d'autant plus maigre qu'elle avale davantage, se bourre, d'un air merveilleusement mélancolique, de tartes à la crème, auprès desquelles l'incroyable tarte à la crème de l'*Ecole des femmes*, qui dans le temps a fait parler la ville et la cour, ne serait qu'une galette de tarte.

Or l'homme qui satisfait ces appétits si divers à l'aide d'inénarrables merveilles, résultats d'une imagination ardente et d'un beurre toujours frais, est un énorme blond d'assez confortable apparence. Il a des cheveux bouclés, l'œil d'un aimable bleu de faïence, la bouche rieuse et rosée, les joues agréablement colorées d'un carmin naturel. Au demeurant, ce n'est pas un Apollon du Belvédère : mais comme il n'est ni bossu, ni bancal, ni tortu; comme il fait bien ses affaires, il jouit de la considération des commères du quartier, lesquelles assurent qu'il est fort bel homme. — Et d'abord, les commères sont toujours d'avis que l'homme qui réussit est un fort bel homme.

La femme du pâtissier ne pense pas tout à fait comme les commères du quartier; elle ne dit pas que son mari est le *nec plus ultra* des beaux hommes, elle se contente de trouver qu'il « a l'air extrêmement distingué. » Notez bien, je vous prie, que cette qualité est, aux yeux de la charmante pâtissière, la reine de toutes les qualités. Elle affirme que rien au monde n'est préférable à « ce qui est comme il faut. » Elle aime les bonnes façons, la pâtissière !

Long-temps je me suis imaginé que cette pâtissière, dont le commerce est dans un état merveilleusement prospère; que cette pâtissière, qui doit quitter les affaires d'ici à deux ou trois ans tout au plus tard (elle me l'a dit); que cette pâtissière, qui aime son mari (c'est encore elle qui me l'a dit); que cette pâtissière, que son mari adore (c'est toujours et plus que jamais elle qui me l'a dit), je m'étais imaginé que cette pâtissière était la plus heureuse femme du monde : eh bien ! elle en est la plus malheureuse. Je ne me trompais que du tout au tout ; c'est peu de chose.

Il y a quelques jours, j'entre chez cette déesse de la pâte ferme dans l'intention de lui présenter mes hommages les plus respectueux et de consommer à son comptoir, face à face avec ses charmes, un de ces babas que son mari fait comme feu M. Galland, d'orientale mémoire, faisait les contes. Mais, — ô douleur! — je m'aperçois que la déesse avait pleuré.

Je crois vous avoir laissé entrevoir, dans mon chapitre précédent, que je m'intéresse généralement aux femmes, car je suis chevalier français dans toute l'acception du mot. Je m'intéresse surtout aux jolies femmes, et — très particulièrement — aux jolies femmes qui ont pleuré.

Femme qui pleure ne demande pas mieux que d'être consolée, et de la consolation au bonheur il y a très peu de kilomètres.

Tout en dévorant mon baba, je m'enquiers adroitement des causes qui ont jeté le trouble et la désolation dans le cœur de cette Vénus de la frangipane.

« Hélas, me dit Vénus, je suis la femme la plus malheureuse du monde!

— Et depuis quand, s'il vous plaît?

— Depuis hier.

— Ah! c'est encore bien récent. Peut-être le mal n'est-il pas sans remède.

— Au contraire, monsieur; la blessure que j'ai reçue est de celles qui ne se cicatrisent jamais. Figurez-vous qu'hier, jour de ma fête, mon mari me propose de venir dîner chez

Véry; j'accepte. J'avais un chapeau de chez Rousseau-Leblanc, une robe d'Alexandrine,

une écharpe de cachemire; enfin j'étais bien. Quant à mon mari, c'est Humann qui l'habille : vous comprendrez donc sans peine qu'il n'y avait pas le plus petit mot de blâme à risquer à l'endroit de son costume : de plus il était merveilleusement ganté, et portait à la main un jonc à pomme d'or qui vaut toutes les cannes les plus célèbres. Jamais dandy de la loge infernale ne fut plus complet. J'oubliais de vous dire que sa boutonnière était ornée d'un camélia forfantesque. — Aussi j'étais vraiment fière de l'avoir pour cavalier.

» Notre dîner fut charmant ; et j'étais aux anges, quand, tout à coup, d'une table voisine de la nôtre, arriva jusqu'à mes oreilles cette phrase foudroyante :

« La femme est jolie, mais le mari a l'air
» d'un pâtissier... »

» Je regarde, afin de voir d'où part cet horrible compliment ; je veux savoir si, par hasard, il nous concerne en quelque façon... Le doute ne me fut pas même permis !... C'était de nous, bien de nous qu'il était question ; car la voix qui déjà s'était fait entendre murmura : « Chut !
» la petite femme nous écoute... elle a deviné de
» qui nous parlions. Avale cette truffe, et n'aie
» pas l'air... car elle regarde... »

» J'étais frappée au cœur ; cependant, comme j'ai une certaine énergie de caractère, et qu'après tout mon âme n'est point une âme de crème fouettée, j'eus encore la force de jeter les yeux sur mon mari. Cette fois je l'examinai lentement, impartialement ; je me dépouillai des préventions favorables qui jusqu'à ce moment fatal avaient aveuglé ma clairvoyance, et... »

Ici la pâtissière voulut continuer ; elle ne put pas, les sanglots l'étouffaient. Ah ! c'était un spectacle à fendre un cœur de rocher que la vue de ces deux beaux yeux transformés en deux sources de larmes !

Je m'efforçai de la consoler ; je lui dis du ton le plus consciencieux possible qu'elle s'alarmait à tort, et que son mari avait une tournure des plus distinguées.

A parler franchement, je mentais avec cette assurance qu'affectent certains individus que la pudeur m'empêche de nommer, quand, s'efforçant de vous prouver que vous devez permettre à leurs outils de fer l'entrée de votre bouche, ils vous disent doucereusement : « Un peu de complaisance, monsieur ; je vous donne ma parole d'honneur que je ne vous ferai pas le moindre mal. » — Serment qui ne les empêche pas de vous arracher plusieurs fragments de gencives en dépit de vos cris, de vos menaces et de vos supplications.

La pâtissière n'accepta pas mon pieux mensonge ; elle se leva du fond de son fauteuil de velours rouge, et, donnant un libre cours à son dépit, elle s'écria : « Non, monsieur, non, mon mari n'a pas une tournure des plus distinguées : c'était-là une illusion que je m'étais faite. Oh ! mais j'étais folle. Cet homme, je ne l'avais pas bien vu ; mais hier, après que l'affreuse révélation fut parvenue jusqu'à moi, quand je l'eus bien contemplé, je ne pus m'empêcher de me faire à moi-même cet aveu plein d'humiliation :

» Mon mari a l'air d'un pâtissier !!...

» Et cet air qu'il a aujourd'hui, il l'aura toujours ; il le traînera partout, comme le galérien traîne son boulet.

» Que, dans deux ou trois ans, nous renoncions aux affaires, que nous achetions une maison rue Laffitte ou rue du Mont-Blanc ; que nous nous décidions, comme tant d'autres, à modifier notre nom, à nous appeler ou du Four (en deux mots), ou du Flan (toujours en deux mots), ou de la Tarte (en trois) ; que nous ayons des chevaux, une voiture, un nègre d'une couleur quelconque, il se trouvera toujours des gens qui, apercevant mon mari mollement étendu sur les coussins de notre calèche, diront en le montrant au doigt : Cet homme a l'air d'un pâtissier !

» Lorsque nous irons au spectacle et qu'il nous prendra fantaisie de louer une avant-scène ou une loge de face, places qu'on a le droit de louer quand on a le moyen de les payer, nous aurons le petit plaisir d'entendre nos voisins et nos voisines dire très-haut en nous regardant en face : « Voyez donc ce monsieur qui » se carre là-bas près de son épouse, a-t-il une » tête !... Et ces mains !... Et ce nez !... Et cet » air ! L'air d'un pâtissier !... Oh ! pour sûr, » c'en est un !... Si je lui demandais deux sous » de galette !... »

» Les gamins se placeront sur notre passage, et nous gratifieront de pantomimes peu flatteuses.

» Vous voyez donc bien que tout à l'heure j'avais raison de vous dire que je suis la femme la plus malheureuse du monde ! »

A ces doléances, il n'y avait pas le plus petit mot à répondre ; aussi, profitant de ce que la pâtissière s'était voilé le visage de ses deux mains, et s'occupait sérieusement à pleurer comme dans les temps antiques pleuraient les femmes qui étaient payées pour se désespérer à l'heure sur le premier cadavre venu, je déposai discrètement sur le comptoir le prix de ma consommation, je courbai la tête, et, marchant sur la pointe du pied, je m'esquivai.

CHAPITRE V.

La culotte d'Oscar.

Connaissez-vous la comtesse de N..., qui a donné de si jolis bals l'hiver dernier? Elle n'a pas vingt ans encore. Son équipage est du premier faiseur; quand son attelage gris-pommelé parcourt la grande allée des Champs-Élysées, tous les badauds s'arrêtent surpris, ahuris, éblouis, et s'écrient :

L'un : « Mon Dieu, les beaux chevaux! »
L'autre : « Mon Dieu, la belle voiture! »
Celui-là : « Mon Dieu, la belle femme! »

De fait, la comtesse de N.... a de grands yeux bleus fendus en amande et tout brillants d'une humide langueur ; ses cheveux d'un blond d'or sont pour le délicat ovale de son enfantine physionomie un cadre d'une ravissante coquetterie. Jamais bouche fine et fraîche n'a su, comme la sienne, en souriant à demi, laisser deviner plutôt que voir un délicieux écrin de perles ; jamais col de cygne ne fut mieux attaché que le sien, jamais épaules n'eurent plus de rondeur et de grâce, jamais taille ne fut plus frêle et plus brisée ; jamais on n'admira une main plus blanche, d'un dessin plus pur. Et son pied !.... qu'en dire ? Rien ; car il est si ténu, si peu perceptible, que les faiseurs de madrigaux assurent qu'elle n'en a pas et que, sylphide légère, elle est soutenue par l'air mais ne se soutient pas.

Eh bien, cette femme, en apparence environnée de tout ce qui fait le bonheur, cette femme est une des deux ou trois cent mille victimes qui sont chacune la « femme la plus malheureuse du monde ! »

Vous riez ? Oh ! ne riez pas comme cela, je vous prie ! Il s'agit d'un fait grave et douloureux. Cette femme souffre des souffrances atroces, cette femme meurt à petit feu. Vous verrez que, sous peu de jours, nous irons sur sa tombe chanter le *De profundis* de l'amitié et le *Dies iræ* de l'estime.

Or, n'allez pas supposer que le comte de N... soit un mari barbare, une mauvaise contre-façon de Barbe-Bleue ; ne dites pas que peut-être il a refusé à cette pauvre comtesse quelque bagatelle, quelque misérable cachemire des Indes, quelque modeste rivière de diamants. Le comte de N... ne refuse rien à sa femme, car il ne vit que par elle et pour elle. Il a deux cent mille livres de rente — le pauvre homme ! — et il vendrait demain, sans hésitation aucune, le château de ses pères si sa femme formait un désir — un seul ! — que ses revenus ne pussent pas satisfaire. Le comte a été créé et mis au monde pour être mari ; c'est le type, c'est le beau idéal du genre.

— La comtesse, direz-vous, a peut-être dans le cœur une de ces passions qu'on est convenu d'appeler fatales, et que souvent on devrait appeler grotesques.

— Quelle folie ! un an ne s'est pas encore écoulé depuis que, sous les auspices de leurs deux familles, toutes deux riches, toutes deux nobles, toutes deux puissantes, le comte et la comtesse ont fait le plus délicieux mariage d'amour que jamais on ait conclu. Pendant tout un grand mois tout Paris a parlé de cet *hymen fortuné,* pour nous servir d'une expression empruntée à la langue des vaudevillistes. Le jour du mariage, l'église de Saint-Roch se trouva trop petite pour contenir les curieux attirés par le rare spectacle de deux époux si heureusement assortis. Ce n'était sans doute pas aussi ébouriffant que le mariage d'un critique; M. de Chateaubriand — qui ne bénit pas les mariages des critiques — avait peut-être béni celui-là; M. de Lamartine, qui écrit au critique : « Attendez-moi ! » et se fait tellement attendre par le critique que le critique ne l'attend plus — M. de Lamartine n'avait rien écrit au marié, mais il était venu ; le *journal des Débats* n'avait pas sacrifié douze colonnes de son feuilleton pour faire savoir à l'Europe que tel jour, à telle heure, M. un tel avait épousé mademoiselle une telle... Et cependant ça avait été un très-beau mariage !

Les hommes n'avaient des yeux que pour la comtesse, qui, à vrai dire, était ravissante sous son voile de mariée, avec sa couronne de fleurs d'oranger, son regard pudiquement baissé et son sein haletant d'une douce émotion.

Les femmes ne se lassaient pas d'admirer et les cheveux noirs, et le regard d'aigle, et le front magnifique, et la cravate mirobolante, et les mollets herculéens du noble comte. Il y eut même, dans la foule, des grisettes assez hardies pour grimper sur les chaises et s'écrier toutes joyeuses : « Le marié est-il joli ! et puis, avec cela, comme il est fait ! comme il est mince ! Mais ce n'est pas un homme que cet être-là, c'est une guêpe ! »

Les grisettes sont des créatures pleines de goût.

La comtesse entendit fort bien toutes ces exclamations naïvement élogieuses. Elle en rougit de plaisir. Pendant un an, la nouvelle mariée a été — et s'est vantée d'être — la plus heureuse femme du monde. Mais — à quoi tiennent les destinées de la gent humaine ! — voici qu'à la dernière soirée du marquis de B....., la duchesse de F...., se penchant vers la comtesse, lui dit d'une voix mielleusement piquante : « Je ne sais, ma chère belle, si je me trompe, mais il me semble que M. le comte de N... engraisse.... »

— Par exemple ! fit la comtesse avec un accent d'horrible dépit et une moue des plus prononcées, Oscar engraisser ?... Pour qui et pour quoi le prenez-vous ? Ah ! fi !...

La duchesse n'insista pas ; elle se contenta de sourire.

Mais quelle fut la douleur de la comtesse quand, le lendemain, elle entendit le comte dire à son valet de chambre :

— Charles, vous reporterez à mon tailleur la culotte qu'il m'a envoyée ce matin. Je l'ai essayée ; elle est trop étroite.

La comtesse pâlit, car elle se disait à elle-même : « La duchesse de F... avait donc raison ! Oh ! mon Dieu ! »

Tant que le comte fut présent, la pauvre jeune femme sut contenir sa douleur. Restée seule, elle courba la tête comme Jeanne d'Arc sur le bûcher; puis, tout à coup, éclatant en sanglots, elle s'écria : « Ah ! je suis la plus malheureuse des femmes ! Oscar — que Paris élégant n'appelait qu'Oscar-la-Guêpe — Oscar prend du ventre !!.... Ah ! c'est pour en mourir.... »

Pauvre, pauvre comtesse de N...! Ne la plaignez-vous pas ?...

CHAPITRE VI.

Une âme incomprise.

éloïse Verdière est la fille d'un officier mort au champ d'honneur.

Et, avant d'aller plus loin, je demande qu'il me soit permis d'expliquer cette façon de parler : — mort au champ d'honneur. —

Peu de personnes en connaissent bien le sens; quelques-unes croient qu'elle a telle signification; quelques autres croient qu'elle en a une tout opposée.

Double erreur ! Ces quatre mots : — mort au champ d'honneur — ne signifient absolument rien ; ou plutôt ils signifient juste autant qu'une épitaphe ainsi conçue : « Bon père, bon fils, bon époux. »

Tous les hommes — vous savez cela, n'est-il pas vrai, ô la plus adorable des lectrices — sont, dès qu'un estimable fossoyeur a jeté sur eux quelques pellées de terre, des épitomés de toutes les perfections humaines.

Celui-ci n'avait pas d'enfants, on lui décerne la qualification de « bon père. »

Celui-là, honnête prêteur sur gages, dont la fortune est d'autant plus ronde, que son corps est plus sec, son habit plus râpé, son chapeau plus aplati, refusait à son père une pension alimentaire de six cents francs ; la tombe le proclame « bon fils. »

Cet autre, quand il était vivant, ne caressait sa ménagère qu'à grandissimes coups de trique. Eh bien, depuis qu'il est mort, il a obtenu le rang de mari-modèle.

De même, tous les officiers, dès qu'ils ont le bonheur de n'être plus bons qu'à exercer le scalpel d'un Dupuytren en herbe — obtiennent immédiatement ce beau titre : « Mort au champ d'honneur ! » C'est leur panégyrique, leur couronne militaire, leur apothéose, ou, pour parler plus exactement, leur dernier grade.

Qu'il soit donc entendu que ces quatre mots ne doivent pas être pris trop à la lettre ; ils peuvent vouloir dire que celui à qui on les applique est mort

Ou d'une indigestion,

Ou d'un catarrhe,
Ou d'un amour malheureux,

Ou d'une vieillesse infiniment trop prolongée.

— Plutôt de vieillesse que de toute autre chose.

Ceci posé, je continue.

Héloïse Verdière est donc la fille d'un officier mort au champ d'honneur. A ce titre, elle a été élevée à la Maison royale de Saint-Denis, la maison de France où l'on enseigne le mieux l'art de figurer — avec avantage, légèreté, élégance et distinction — dans une contredanse. Héloïse danse à ravir et jouit, dans l'exécution du galop, d'une désinvolture, d'un *brisé*, d'une souplesse de reins qui en remontreraient à la Carlotta Grisi.

Héloïse a encore d'autres qualités : elle fait d'une façon très passable — très passable pour une petite pensionnaire de la Maison royale de Saint-Denis — le vers mélancolique et brumeux, le vers qui pousse des gémissements sans fin — bien qu'il n'ait ordinairement que douze pieds; quand il en a treize ou quatorze, c'est par exception ; — le vers qui peint les douleurs, les angoisses, les déchirements de l'âme; le vers qui sanglote et se couvre la tête de cendres — tout comme s'en couvrait feu le saint roi David alors qu'il s'était mis un assassinat, un adultère ou quelque autre drôlerie sur la conscience; — le vers qui appelle la vie une « vallée de larmes, » et crie du matin au soir : « Mon Dieu! ô mon Dieu!... » avec un hiatus.

Or — il y a trois ans de cela — M. Herbin, tuteur d'Héloïse, est venu annoncer à sa pupille que le moment de quitter la Maison royale de Saint-Denis était arrivé. Il est de règle qu'on ne quitte le pensionnat de Saint-Denis que pour se marier : aussi, le jour que M. Herbin vint chercher sa pupille, toutes ces naïves jeunes filles qui n'ont qu'une pensée dans l'âme — dans leur âme virginale! — la pensée du mariage, ont entouré l'heureuse *libérée* — c'est le nom que les pensionnaires donnent à celles qui sortent du pensionnat; — elles lui ont prodigué les caresses, les tendres adieux, les pleurs et les questions de circonstance.

— Est-*il* blond?... est-*il* riche?... a-t-*il* le nez aquilin?... Oh! s'*il* n'est pas riche, jeune et beau, que je te plains, ma chère!! Pourvu du moins qu'*il* ait la croix d'honneur!... et qu'*il* soit noble!... et surtout qu'*il* te donne des cachemires! Sais-tu s'*il* est doux? a-t-*il* les dents blanches? Fasse le ciel qu'*il* ait des moustaches ! !...

A toutes ces exclamations, Héloïse répondit par des larmes, des soupirs et des gémissements.

Au fond de l'âme, elle était très joyeuse.... Mais sortir du pensionnat, s'arracher de ses compagnes d'enfance — de ses compagnes d'enfance auxquelles on a juré tant de fois de ne les oublier de la vie — dire adieu aux sous-maîtresses, que l'on hait, sans verser des torrents de larmes, ce serait faire preuve d'une déplorable insensibilité.

Héloïse est la sensibilité faite femme ; aussi on ne saurait dire jusqu'à quel point elle se montra aquatique et désolée dans ce moment solennel.

Cependant toute chose a une limite, même la douleur la mieux conditionnée.

Quinze jours s'étaient écoulés depuis qu'Héloïse avait quitté le pensionnat. Elle ne pleurait plus ; en revanche, elle passait ses journées à réfléchir.

A quoi réfléchissait-elle ?

A mille et mille choses, mais surtout à son tuteur, qu'elle voyait tous les jours, et à son futur mari, qu'elle ne voyait jamais.

Le tuteur d'Héloïse était-il donc fait pour occuper une âme de dix-sept ans ? Mon Dieu, non ; mais Héloïse savait que, dans l'ordre naturel des choses, c'était de la main de son tuteur qu'elle devait recevoir un mari, et, tout en pensant au mariage, elle pensait à son tuteur — par contre-coup — et elle se disait : « Mon tuteur ne m'a pas encore dit un mot, un seul mot, relativement à mon mariage. Serait-il fou, ce respectable tuteur? »

M. Herbin n'est pas fou; c'est un brave homme de soixante et quelques années, tout simple, tout bourgeois, qui ne devine pas le moins du monde que dans un cœur féminin de dix-sept ans il n'y a de place que pour les idées matrimoniales. Il s'imagine, l'excellent homme, qu'une petite pensionnaire est une personne excessivement naïve, disant ce qu'elle pense, tout ce qu'elle pense, rien que ce qu'elle pense. — Quelle âme candide que ce M. Herbin!... Oh! si je faisais collection de végétaux, je placerais M. Herbin sous un globe quelconque. — Or, le jour qu'Héloïse a quitté le pensionnat, elle a pleuré beaucoup ; son tuteur, qui a pris ces larmes *belges* (vous savez qu'on appelle ainsi tout ce qui sent la contrefaçon) pour des larmes de bon aloi, des larmes venant des plus profondes régions du cœur, a cru devoir la laisser, pendant une quinzaine de jours, se livrer aussi exclusivement que possible au chagrin qu'elle semblait éprouver. Donc, pendant quinze jours, il s'est contenté de lui dire tous les matins, en déposant sur son front virginal un gros baiser de tuteur : « Tu te portes bien ce matin, ma petite Loïse?... Allons, tant mieux, ça me fait plaisir. »

Pendant ces quinze jours, Héloïse était en proie à de graves inquiétudes. M. Herbin lui paraissait une sorte d'individu parfaitement inexplicable, une charade en bas chinés et en habit marron. Elle ne comprenait pas que l'ayant fait sortir du pensionnat, il ne lui eût pas — immédiatement — présenté l'être mystérieux dont l'âme devait sympathiser avec son âme. Les jours s'écoulaient pour elle avec une lenteur désespérante; ses nuits étaient sans repos. Elle écrivait à Lasthénie — jeune fille de seize ans — la meilleure de ses amies de pension : « Te dire les sentiments confus et les émotions nouvelles qu'éprouve mon pauvre cœur serait chose impossible. Je n'ai rien qui doive m'affliger, et cependant je verse des larmes; une puissance inconnue chasse le sommeil loin de ma couche. Triste et incertaine

que je suis, je ne goûte plus les dons de Morphée ; et c'est en vain que je supplie la Nuit de me verser l'ambroisie de ses pavots, » etc., etc.

Enfin M. Herbin parla ! enfin l'être mystérieux « dont l'âme devait sympathiser avec l'âme d'Héloïse » lui fut présenté. Le mot de mariage fut prononcé. Bien mieux, le mariage fut conclu. Mais, hélas, comment le fut-il !— Oh ! par pitié, lisez la lettre dans laquelle Héloïse raconte à Lasthénie comment et à quel homme on l'a sacrifiée !...

« Lasthénie, Lasthénie, tu m'accuses, car voilà plus de trois mois que tu n'as reçu d'autre lettre de moi que la circulaire aux formes banales qui t'instruisait de mon mariage.... O Lasthénie, ne m'accuse pas ; plains-moi plutôt !... Oh ! oui, plains ton Héloïse, plains-la du fond de ton âme, car elle est la plus malheureuse des femmes.

» O Lasthénie, depuis un mois que je suis mariée, que de pleurs j'ai versés ! que de tortures j'ai dû subir !... O Lasthénie, crois-moi, ne te marie jamais. Le mariage, vois-tu bien, c'est la mort ! non pas cette mort prompte et douce qui vous frappe et vous tue avant même que vous vous soyez sentie frappée ; celle-là je la souhaite, je l'appelle... Le mariage, c'est l'agonie lente et pénible, c'est le râle!... une agonie immense, un râle qui ne finit pas!...

» Je suis folle, vas-tu dire. Oh! je voudrais être folle; si j'étais folle, je ne sentirais pas.

» Mais je veux, pour un instant, comprimer mon cœur ; je veux qu'il se taise et laisse parler ma froide raison. Je te dirai tout ; je te conterai les choses tout uniment, sans passion, comme s'il ne s'agissait pas de moi. Quant à toi, fais en sorte d'être froide et impartiale. Devant toi vont comparaître et mon tuteur, et mon mari et moi — tu seras notre juge!

» Ta cousine, la comtesse de S..., pour qui je n'ai pas de secrets, t'a sans doute appris avec quelle précipitation cruelle s'est accompli pour moi ce qu'on nomme l'acte le plus important de la vie; et cela, grâce à monsieur mon tuteur! Il n'est pas méchant, M. Herbin ; c'est un brave et bon rentier, un cœur honnête.... Il fait l'aumône ; il s'apitoiera sur un malheureux qui aura eu l'imprudence de se laisser écraser au coin d'une borne par quelque lourde charrette ; il aura des anathèmes pour les grandes cruautés; il s'indignera en lisant dans l'histoire que Néron brûlait Rome pour se procurer le plaisir d'un incendie, et que, dans ses moments perdus, Caligula s'amusait à tuer les mouches avec un poinçon d'or; il pleurera son chien, si demain son chien vient à mourir : mais, avec tout cela, qu'il entend peu les délicatesses de l'âme!... Mon Dieu, de quel limon sont donc pétris toutes ces bonnes gens-là ?...

» Donc, figure-toi qu'un beau matin, comme j'étais plongée dans je ne sais quelles rêveries délicieuses, je vois ledit M. Herbin entrer dans ma chambre. Il n'avait pas même cette tenue de convenance dont un homme qui se respecte

ne s'affranchit jamais quand il fait une visite à une femme — cette femme fût-elle cent fois sa pupille ; il était dans tout l'abandon de son négligé du matin — le négligé d'un rentier de soixante ans ! — Il me souhaite le bonjour, me donne un double baiser, sur les deux joues, et me dit tranquillement : « Dis donc, Bichette (c'est là son appellation la plus poétique), j'ai une bonne nouvelle à t'annoncer, M. d'Orvilly t'a demandée en mariage. Son père était un ami de ton père, sa fortune est égale à la tienne ; il est jeune, beau, spirituel : tu seras sa femme. Ce soir, il viendra ; mets une robe neuve, fais-toi gentille, tâche de lui plaire. Nous aurons une dispense pour la publication des bans, en sorte qu'en onze jours francs ce sera une affaire baclée... »

» Je m'arrête, Lasthénie... laisse-moi respirer un peu ; car, à mesure que je réveille ces souvenirs, je sens que l'indignation m'étouffe...

» Et maintenant, remarque un peu, je te prie, ce qu'il y a d'épouvantable dans tout ceci ; compte les mots de cette allocution horrible, et tu sauras le nombre des coups de poignard qui ont fait saigner le cœur de ton Héloïse.

» Que dis-tu de cette phrase : « Il est jeune,

beau, spirituel; *tu seras sa femme!* » La femme de cet homme que tu n'as jamais vu! dont tu ne connais pas le cœur! qui, peut-être, n'a pas de cœur!... Qu'importe? *tu seras sa femme!* Oui, sa femme!... la chair de sa chair, la vie de sa vie, l'âme de son âme! Pourquoi, parce que *sa fortune est égale à la tienne!*
— Horreur!!...

» Que te semble-t-il aussi de *l'affaire bâclée?* Le mariage une *affaire!*.. une affaire qui peut se *bâcler !* — Oh! mon Dieu, mon Dieu, qu'il y a de petitesse et d'infamie dans ce monde !

» Et encore ceci : *Fais-toi gentille!* Gentille pour lui, pour cet inconnu, pour ce passant, pour ce premier venu ! *Fais-toi gentille, tâche de lui plaire !...* O Lasthénie ! en te retraçant ces souillures, la rougeur me monte au visage. Et lui, mon tuteur, il me disait cela avec calme, en souriant, et il ne pensait pas à ses cheveux blancs !!... — Oh! les hommes, les hommes !

» Que pouvais-je répondre à M. Herbin ? Il ne sent pas, cet homme. Je dus me soumettre. Pas une observation ne s'échappa de ma bouche, pas une larme de mes yeux, pas une! Je me conformai strictement à tout ce que mon tuteur m'avait ordonné. Oui, Lasthénie, je me conformai à tout sans exception : je mis une robe neuve, je me fis gentille, j'eus de gracieux sourires, je tâchai de plaire !!... — En un mot, je fus sublime de résignation ; oui, sublime !

» M. Paul d'Orvilly me parut un jeune homme distingué.

» Il est brun, grand, bien fait, et décoré de la Légion-d'Honneur ; — tu sais que c'était là notre rêve à toutes, à nous filles d'officiers morts au champ d'honneur! — Il est jeune; il est, dit-on, appelé à de hautes destinées dans la glorieuse carrière qu'il a embrassée : capitaine du génie à vingt-six ans, cela promet!

» Il a la voix extrêmement douce, d'excellentes manières...

» Mais — hélas! dois-je tout dire? — M. d'Orvilly est à vingt-six ans aussi prosaïque, aussi bourgeois, aussi étroit que mon honorable tuteur M. Herbin. Enfin l'homme à qui je suis unie à tout jamais, cet homme ne sent pas!... L'âme de ton Héloïse est une âme incomprise!!...

» Hier, il est entré dans mon cabinet de travail. Je venais de répandre quelques pensées sur le papier, et mon visage était baigné de larmes. — Tu sais, Lasthénie, combien les larmes sont inspiratrices! — Il s'est approché de moi, a jeté un regard sur les vers qui venaient de s'échapper de mon âme, il ne les a pas lus. — Je te jure, ô Lasthénie, par notre sainte et pure amitié, que je ne mens pas; *cet homme n'a pas lu mes vers!* — Il m'a pris la main et m'a dit d'une voix glacée :

» — Héloïse, à présent que vous voilà *femme de ménage*, ne pensez-vous pas qu'il conviendrait de renoncer à ces folies de jeune fille pour vous livrer à des occupations plus convenables? Ne pensez-vous pas qu'une femme mariée a tout autre chose à faire qu'à *jeter du noir sur du blanc, à griffonner du papier?*

» J'admets qu'une pensionnaire *s'amuse à rimer pour tuer le temps;* mais vous, ma chère amie, n'avez-vous pas des devoirs à remplir? une maison à diriger? des domestiques à surveiller (il n'a pas osé dire : des boutons à coudre, des reprises à faire, des chaussettes à ravauder ! j'attendais cela) ?

» Vous n'appartenez plus à vous seule, a-t-il continué; vous appartenez aussi à un mari qui vous *aime* (il s'est servi de ce mot, le profane ! il a osé jouer avec les vases de l'autel !), à un mari qui veut partager vos joies et vos douleurs, mais ne veut pas que votre vie se passe dans un monde imaginaire, ne veut pas que vous vous passionniez pour des fantômes, et, surtout, que vos larmes coulent sur des souffrances créées à plaisir. Ainsi, ma bonne amie, croyez-moi, renoncez à une *manie* (la divine poésie une *manie !*) qui pourrait vous rendre très-ridicule en même temps qu'elle vous empêcherait d'accomplir vos obligations de femme mariée (cette fois, ô ma Lasthénie, il m'a épargné son horrible expression de *femme de ménage;* dans mon cœur, je l'ai remercié de cette clémence). Allons, laissez là vos *chefs-d'œuvre* (quelle spirituelle ironie ! il n'avait pas lu mes vers ; non, encore une fois, je te le jure, le barbare *ne les avait pas tus !*) et n'oubliez pas que vous avez aujourd'hui du monde à dîner... »

» Cela dit, il m'a baisé la main, m'a offert son bras, et, sans que j'eusse la force de lui répondre, car j'étais plus morte que vive et je ressemblais à une criminelle que l'on conduit à l'échafaud, il m'a entraînée dans la salle à manger, et j'ai dû m'occuper de faire mettre le couvert...

» Puis, mes convives sont venus — et quels convives, grand Dieu !

» Je les ai reçus avec une grâce parfaite, en véritable maîtresse de maison, et, pour couronner l'œuvre, — ô Lasthénie, le croirais-tu ? — c'est moi qui ai servi le potage !...

» Pendant que j'accomplissais ce devoir, M. d'Orvilly — il était en uniforme, ma chère — découpait un chapon au gros sel !

» Le dîner s'est passé merveilleusement. Tous ces gens-là étaient ravis ; ils m'accablaient de compliments les plus niais du monde ; ils assuraient qu'il est impossible de trouver une *maîtresse de maison* (pourquoi ne pas dire une aubergiste ?) plus aimable que moi ; ils me jetaient au visage ma grâce et mon affabilité. — Quel supplice !

» Dans la soirée, on m'a priée de chanter. J'aurais pu refuser, prétexter une indisposition ; mais j'ai voulu boire le calice jusqu'à la lie : je me suis mise au piano et j'ai chanté.... Oui, j'ai eu cette bonté d'âme, et, pour qu'on n'eût rien à me reprocher, je leur ai chanté mon morceau de prédilection, la romance du *Saule*'... Ils m'ont applaudie grossièrement, bruyamment... comme des gens qui ne comprennent pas. — Aucun d'eux n'a pleuré.

» Quelle vie! mon Dieu, quelle vie!

» J'ai passé une nuit affreuse ; je me suis efforcée d'étouffer mes sanglots, car M. d'Orvilly dormait. — Il dort toujours, cet homme!!...

» S'il se fût réveillé, s'il m'eût demandé le sujet de mes larmes, qu'aurais-je pu répondre à cet être qui ne sent pas?

» Comment tout cela finira-t-il?... Ma tête

est en feu... Je n'ose te confier les pensées qui m'agitent... elles te feraient peur... Lasthénie! Lasthénie! prie pour ton Héloïse, car, de toutes les créatures que, dans un jour de colère, Dieu a jetées sur cette terre d'exil, elle est la plus malheureuse. »

CHAPITRE VII.

La servante d'hôtel garni.

Elle s'appelle toujours Charlotte, à moins qu'elle ne s'appelle d'un tout autre nom ; ce qui revient absolument au même. Quelquefois Charlotte est sèche comme un échalas et blonde comme une carotte.

Alors elle doit être considérée comme un phénomène inexplicable, une anomalie, — une sorte de veau à trois têtes, — un solécisme de la nature, un *lapsus linguæ*, — autrement dit un *cuir* commis par le hasard, ou, — si mieux vous aimez, — elle n'est plus qu'une exception confirmant la règle.

En effet, la règle veut que la servante d'hôtel garni soit une gaillarde solidement établie, ayant de larges épaules, une taille que les premiers bras venus ne sauraient complétement embrasser, les bords du rein pittoresquement dessinés, une poitrine d'officier prussien et des pieds à dormir debout.

La vie de la servante d'hôtel garni se partage en deux périodes très distinctes.

Pendant la première période, — dont la durée varie de huit jours à un an, — la servante d'hôtel garni est une femme superlativement heureuse, elle file des jours dont la trame est d'or et de soie ; c'est que :

Le ciel n'est pas plus pur que le fond de *son* cœur...

Une seule pensée l'occupe, — celle d'amasser (pardon du terme dont je vais me servir, c'est le vrai) un petit saint-frusquin.

84

Pendant la seconde période, l'horizon change de couleur...

Mais procédons avec méthode. Et d'abord voyons le beau côté de la médaille; ensuite nous en examinerons le revers.

O monsieur Raoul Rochette, puisqu'il s'agit de médailles, toi qui les conserves si bien, prête-moi ta plume pour écrire ces deux chapitres!

CHAPITRE VIII.

Beau côté de la médaille

'esquisse que je vous ai tracée tout à l'heure de Charlotte ne vous a peut-être pas donné une idée fort avantageuse de ses qualités physiques.

Mais que sont les qualités physiques ?

M. de Boufflers n'a-t-il pas dit dans une délicieuse pièce de vers — que certainement vous ne connaissez pas, ô aimable lectrice :

Le cœur est tout, disent les femmes ;
Mais je voudrais savoir, mesdames,
etc., etc.. etc.

Or Charlotte a le cœur, ou le moral, ou le caractère, — je ne tiens pas à un mot plus qu'à un autre, vous pouvez choisir, — beaucoup mieux fait que la taille.

Comme elle est toujours d'humeur joyeuse, comme elle se garde bien de s'offenser pour un geste quelque peu hardi ; comme à une tape appliquée n'importe où, elle répond par une complète inattention, — semblable en cela à ce diplomate fameux qui ne s'occupait pas de ce qui se passait derrière lui ; comme elle a dans l'œil une certaine vivacité, et dans la physionomie quelque chose qui ne dit jamais non, elle jouit d'un succès pyramidal auprès des voyageurs, cette adorable race de pigeons qui prend plaisir à se faire plumer dans les hôtels garnis.

On sait, du reste, que le voyageur est comme le sage d'Horace : *contentus parvo*, un rien le contente. Sa maxime favorite est : « En voyage comme à la guerre ! » Et il se contente de Charlotte ; que dis-je ? il ne se contente pas de se contenter d'elle, il en fait son idole.

Et cependant elle a des défauts, Charlotte.

D'abord elle n'est pas très intelligente, ou, pour parler plus exactement, son intelligence consiste à n'en pas avoir.

Ainsi, il lui arrive souvent d'apporter la carafe d'eau quand on lui demande du vin.

Ce genre de méprise ne déplaît nullement au maître de l'hôtel garni, qui, — chimiste habile, — est tout à fait d'avis qu'entre le vin et l'eau il y a beaucoup d'affinité.

De même si un convive, peu fait aux habitudes des tables d'hôte, fait signe à Charlotte de lui servir un certain gâteau monté, Charlotte, — qui n'ignore pas qu'à une table d'hôte les gâteaux montés jouent le rôle muet et inactif des poulets de carton dans un repas de vaudeville, — Charlotte feint de se tromper; elle offre à l'amateur trop goulu :

Soit une assiette de pruneaux desséchés;

Soit des noisettes dans l'intérieur desquelles n'habitent que des vermisseaux — inoffensifs, mais peu nourrissants;

Soit un fromage qui tue son homme à trois pas;

Soit une demi-douzaine de biscuits qu'une honorable vieillesse a couronnés d'une mousse d'autant moins appétissante qu'elle est plus blanchâtre...

Le convive insiste-t-il, crie-t-il d'une voix de Stentor qu'il veut du gâteau monté... Charlotte ne perd pas la tête, elle saisit le gâteau et l'emporte à la cuisine.

Le convive tape sur la table et pousse des hurlements avec l'acharnement d'un député du centre qui voit un membre de l'opposition à la tribune.

Charlotte entr'ouvre la porte de la salle à manger, montre son gros visage et, de sa voix la plus flûtée, elle dit : — Est-ce qu'un de ces messieurs n'a pas appelé ? il me semble avoir entendu quelque chose...

— Parbleu, glapit l'amateur, c'est moi qui vous demande du gâteau monté...

— Mais, monsieur, n'est-ce pas vous-même qui tout à l'heure m'avez ordonné de l'emporter?...

— Je ne vous ai pas dit un mot de cela ; vous êtes donc sourde?...

— Un peu, monsieur ; mais de l'oreille droite seulement.

— Ah! vous appelez cela n'être sourde qu'un peu?... mais vous l'êtes comme plusieurs pots.

— Plaît-il, monsieur?...

— Vous n'entendez pas?... (*formant un cornet avec ses deux mains*) : Vous êtes sourde comme plusieurs pots.

— Vous n'avez pas besoin de crier comme si on vous écorchait tout vif; je vous entends parfaitement.

— Ah ! c'est heureux... Eh bien, apportez-moi du gâteau monté...

— Tout de suite, monsieur...

Charlotte sort ; la figure du convive s'épanouit.

Charlotte rentre ; elle porte triomphalement une pomme cuite sur une assiette.

Quelquefois, au lieu d'une pomme cuite, elle apporte un beignet de la veille ;

Ou une demi-douzaine de noix :

Ou du flan ;

Ou du veau froid ;

Ou un citron ;

Ou une assiette blanche ;

— Qu'est-ce que cela ? piaille le convive.

— Monsieur, le gâteau monté vient de partir pour la ville... et on a pensé que monsieur aimerait autant ceci...

— Allez-vous-en au diable avec vos gâteaux montés et votre pomme *ceci!!*...

— Je vous assure que *ceci* est excellent... c'est frais comme l'œil.

Le convive comprend qu'il n'est pas de force ; il paye et sort furieux, pendant que Charlotte lui crie sans rire : — Monsieur veut-il une de nos adresses ?...

Puis elle se frotte les mains; car elle vient encore une fois de sauver le Capitole feuilleté : on voit que Charlotte n'est pas plus bête qu'une oie romaine.

Il est certain moment dans la vie où, pourvu que vous soyez un des convives de la table d'hôte, — mais convive pas trop exigeant, pas trop avide, — vous avez le droit de tout dire à Charlotte : c'est le moment où elle fait le tour de la table en présentant à la ronde des cure-dents d'occasion, sollicitant des gros sous, mais ne refusant pas les pièces blanches.

Alors les yeux et les oreilles de Charlotte vous appartiennent ; elle vous couve du regard ; elle vous assassine à coups de révérences et d'œillades qui promettent et permettent tout.

Alors elle n'a plus de défense ; elle ne sait plus que sourire à droite, sourire à gauche, sourire en avant, sourire en arrière.

Dites-lui qu'elle est fraîche comme trois bottes de roses, elle ne répondra pas, mais elle sourira.

Dites-lui qu'elle ressemble à une génisse andalouse, elle ne répondra toujours pas, mais sourira plus que jamais.

Nommez-la « jeune Albanaise aux pieds légers » et demandez-lui « si, voulant devenir votre compagne, elle consent à venir partager vos dangers, » elle se taira mais sourira, toujours de plus en plus, avec une expansion menaçante pour ses oreilles.

Bien plus, elle ne se fâchera pas si vous lui pressez le bout des doigts. — Dieux immortels ! que de bonheur !

Une fois la tournée faite, une fois les convives partis, Charlotte contrôle le montant de sa recette, et rit dans sa peau des « beaux messieurs qui roulent toujours des yeux ni plus ni moins que des chats qui s'étranglent. »

Ainsi s'écoule, au sein du bonheur et des pièces de cinquante centimes, l'existence trop fortunée de la servante d'hôtel garni.

Mais cette existence couleur de rose n'a qu'un temps, et bientôt l'on peut dire d'elle :

Elle était de ce monde, où les plus belles choses
    Ont le pire destin ;
Et, rose, elle a *duré* ce que durent les roses,
    L'espace d'un matin !

CHAPITRE IX.

Revers de la susdite.

anité des vanités, tout n'est que vanité !

Cette Charlotte si heureuse tant qu'elle fut aimable avec tout le monde en général, sans vouloir l'être avec personne en particulier; voici qu'elle se prend un beau jour à changer de système, voici que son œil et son sourire qui, jusque-là, s'étaient prodigués à tous, cherchent à se fixer sur un seul ! Voici que dans ce cœur naïf, dont les plus vastes désirs ne s'étaient jamais élevés au delà de la passion de ce que nous avons nommé un « petit saint-frusquin, » le ver rongeur de l'ambition s'insinue !

Voici qu'à force d'entendre parler — à table d'hôte — de rois qui épousent des bergères, de milords anglais, russes ou prussiens qui font journellement des sorts très-agréables à des servantes d'hôtel garni, elle se prend à penser qu'il y a, de par le monde, quelque roi ou quelque milord dont elle est destinée à faire la connaissance pour le bon motif!

Voici que cette naïve Maritorne se met à mépriser du plus profond de son cœur les simples bavolets, les jupons de futaine et les casaquins de toile peinte!

Elle a des idées de corsages en velours, des velléités de point d'Angleterre, des appétits de falbalas, des soifs de chapeaux à plumes!

Oh, alors, malheur, malheur à Charlotte!

Sa vie n'est plus qu'une attente perpétuelle, comme celle de la veuve du grand Marlborough; elle monte à sa tour — c'est au grenier que je veux dire — si haut qu'elle peut monter — et son regard inquiet demande au nuage qui court, à l'hirondelle qui vole, à la pluie qui tombe, le roi, le lord ou le prince russe que dans les rêves de son imagination elle espère pour Pâques ou pour la Trinité.

Hélas! la Trinité se passe, et aucun roi, aucun lord ne se présente.

Charlotte s'étonne d'une disette sur laquelle elle ne comptait pas. Elle ignore — l'innocente — que les milords et les princes deviennent de jour en jour plus rares par suite de l'énorme consommation qu'en ont faite, pendant ces vingt-cinq dernières années, les femmes de chambre et les grandes dames, les grisettes et les rats d'Opéra.

Pendant que Charlotte attend les milords,

voici qu'un commis-voyageur se présente. C'est un être éminemment hâbleur, gabeur et pipeur. Il a des favoris et des cheveux noirs comme du jais, des moustaches de plusieurs centimètres de long, une cravate rouge, un gilet à carreaux et deux blagues rutilantes, foudroyantes et phosphorescentes !

De ces deux blagues, la plus dangereuse n'est pas la blague à tabac.

La blague à tabac ne se dissimule pas : elle se suspend à la boutonnière, on la voit, on peut s'en défier. — L'autre se cache, il faut la deviner et la craindre.

La blague à tabac n'attaque que les nez, ne culotte que les pipes; l'autre attaque les âmes sensibles et culotte les cœurs.

Charlotte — qui ne sait pas ce qu'il y a de contre-vérités au bout de la langue d'un commis-voyageur, s'expose sans aucun bouclier — plaignez l'imprudente! — à un feu roulant de galanteries toutes plus incendiaires les unes que les autres.

Elle prend plaisir à s'entendre appeler Vénus Callipyge. — Oh! ne l'accusez pas, la pauvre fille ; ses parents ont oublié de lui apprendre le grec.

Elle écoute — non sans une certaine titillation voluptueuse — ce moderne Chrysostome (mot grec qui, au dire de l'Institut, signifie blagueur) dont les torrents d'éloquence triomphent de sa pudeur, comme l'œil du boa triomphe de la gazelle — en la fascinant.

Le Chrysostome la serre contre son cœur en la nommant son « étoile; » elle frémit de plaisir, et sa résistance ne bat plus que d'une aile.

Le Chrysostome s'en aperçoit et, redoublant de faconde, il lui jette au visage quelques-unes de ses phrases les plus victorieuses :

« O ma déesse ! une cuisine n'est pas digne d'abriter tant de charmes ; je veux te bâtir un palais...

» Je t'arracherai au malheur et à la vaisselle, et je te ferai des rentes.

» Oh ! sois l'âme de mon âme, la vie de ma vie, sois mon tout !...

» Ah ! viens, amour, viens ! suis-moi sur le grand chemin du fleuve de la vie, car, sans toi, rien ne m'est plus, plus ne m'est rien...

» J'achèterai un cabriolet, je l'achèterai parfaitement suspendu, et nous voyagerons à petites journées, toi et moi, moi et toi, rien que nous deux... Dans mon cœur il y aura toujours pour ton cœur des paroles d'amour, et dans le coffre de la voiture un pâté de foie gras pour ton estomac...

» Nous contemplerons la belle nature et nous enfoncerons la pratique ! Nous vendrons de la piquette, mais nous boirons du vin de Bordeaux plus velouté que le velours.

» Ton existence sera mille fois plus folâtre que celle des reines, et, comparées à toi, les princesses ne seront plus que des bonnes d'enfants.

» Je t'apprendrai les romances les plus sympathiques de mademoiselle Loïsa Puget et de M. Gustave Lemoine : tu auras le droit de mirer tes yeux dans mes yeux; je te réchaufferai au *Soleil de ma Bretagne,* et, si tu me demandes pourquoi je t'aime, je te répondrai sur un air très-connu : *Je t'aime parce que je t'aime...* Est ce là du bonheur! Hein, en est-ce? Dis?

« Oh! réponds-moi que ça en est, et confie-moi le numéro de ta chambre, je ne le dirai à personne — pas même à la brise, la brise pourrait le murmurer — mais, avant qu'il soit quinze jours (car je ne te demande que le temps nécessaire pour obtenir le consentement de mon vertueux père, celui de ma respectable mère, et faire venir mes papiers), et alors — oh! alors, crois-en les paroles d'un homme dont le mensonge n'a jamais souillé les lèvres — tu seras ma femme devant Dieu et devant les hommes!... »

— Quoi! devant M. le curé aussi? murmure Charlotte.

— Pardine!...

Comment résister? Charlotte ne résiste pas.

Le lendemain, le commis-voyageur part, n'oubliant rien à l'auberge, sinon d'emmener Charlotte.

A dater de cette époque, Charlotte — qui se voit réduite à l'état d'Ariane — Charlotte qui n'a plus son cœur — ce cœur qu'elle se trouve avoir donné pour rien quand elle espérait si bien le vendre! — Charlotte indignement séduite, lâchement trompée, audacieusement volée, perd le peu de sens commun dont elle avait joui jusqu'alors. Elle tourne à l'aigre, sale ses crèmes, sucre son pot-au-feu, brûle ses ragoûts et accommode ses lits et ses galants à coups de pied et à coups de poing.

Elle ne se laisse plus prendre ni les doigts, ni la taille; elle est très-méchante, très-acariâtre, très vertueuse, et devient une de ces innombrables victimes qui toutes ont le droit de s'arracher les cheveux, de maudire le ciel, en pensant qu'elles sont *toutes* — la femme la plus malheureuse du monde!...

CHAPITRE X.

Le calme plat.

(Extrait des *Mémoires d'une femme de trente ans*.)

Mon Dieu! que les hommes connaissent mal le cœur humain, eux qui croient que le bonheur consiste dans l'absence du malheur! L'absence du malheur, — cette horrible négation, — cet affreux néant, — ce zéro double et triple, serait le bonheur? — Oh! la jolie chose qu'un bonheur eunuque!

Mais à ce compte les gardiens du harem du grand-seigneur seraient donc des hommes?...

A ce compte, on pourrait soutenir qu'une femme qui n'est affligée d'aucune infirmité n'a rien à démêler ni avec le strabisme ni avec les établissements orthopédiques ; une femme ornée de deux bras et de deux jambes qui a les yeux convenablement fendus, un nez honnête, une petite bouche, une taille pas trop épaisse, le pied assez mignon est une Vénus de Médicis!... ou encore qu'un huissier, — un gueux d'huissier, pour parler comme Arnal, — s'il a cinq pieds six pouces, des cheveux bouclés, des dents blanches, et s'il n'est pas exorbitamment cagneux, est aussi beau que l'Apollon du Belvédère? — un huissier!

Honte et profanation!

Non, le bonheur n'est pas cette chose absurde qu'on appelle le repos de l'âme, le calme des sens : le bonheur n'est pas une sauce sans saveur, un mets où il n'y a ni sel, ni poivre, ni piment. Le bonheur ne mérite ce nom qu'autant qu'il emporte la bouche ; le bonheur, c'est un homard : essayez de le manger sans huile, sans vinaigre, surtout sans moutarde ; et si cette chair insipide vous plaît, c'est que vous avez un estomac d'autruche. — Alors mangez des cailloux, et dites que les cailloux valent les truffes!

Autrefois j'ai connu le bonheur, — le vrai!

Il y a quinze ans de cela; j'étais une petite ouvrière en robes.

J'habitais une arrière-boutique très-enfumée, très-obscure, de la rue des Vertus, cette rue qu'on a nommée ainsi par antiphrase, attendu qu'elle n'est peuplée que de vices.

Ma mère. — Auvergnate pur-sang, qui exerçait dans cette noble rue l'honorable profession de marchande de bois scié au poids, — me recevait peu tendrement quand je rentrais après neuf heures sonnées de mon atelier de couture.

Que me faisaient les réprimandes et les calottes maternelles? Je versais quelques larmes, et le lendemain tout était oublié; car le lendemain matin, au moment où, mon petit bonnet mis bien en arrière, le nez au vent, je tournais le coin de la rue Saint-Martin, j'étais toujours assez heureuse pour apercevoir Adolphe, qui m'attendait patiemment en fumant son cigare. Puis je prenais son bras, puis nous choisissions le chemin le plus long; puis nous achetions de la galette, que nous dévorions à belles dents : il mordait dans mon morceau, je mordais dans le sien ; et nous faisions à peu de frais un repas délicieux.

Le soir, je retrouvais Adolphe à la porte de l'atelier ; et quand il était par hasard possesseur d'une pièce de cent sous, nous montions en citadine en disant au cocher d'aller toujours tout droit :

Ou nous nous permettions une première galerie aux Funambules, et nous applaudissions Débureau, qui depuis est devenu un quasi-grand homme, et qui alors n'avait que du talent ;

Ou nous courions au Cirque-Olympique pour admirer avec quel sang-froid le cerf Coco se laissait tirer des coups de pistolet dans l'oreille. — Qu'est-il devenu, ce pauvre cerf Coco ?

Si la bourse d'Adolphe était à sec, — ce qui lui arrivait souvent, car je n'ai jamais connu une bourse plus lente à se remplir et plus prompte à se vider, — nous ne nous affections pas pour si peu ; notre pied léger nous conduisait hors barrière, et là nous cherchions des marguerites. Quand nous en avions chacun une, nous l'interrogions, chacun de notre côté, et nous lui demandions des nouvelles de notre amour réciproque.

La marguerite me répondait-elle que j'étais aimée, — je regardais Adolphe ;

— Aimée *un peu*, — je lui faisais la moue ;

— *Beaucoup*, — je lui souriais de mon sourire le plus tendre ;

— *Passionnément*, — je l'embrassais ;
— *Pas du tout*, — oh ! alors je boudais...
ma bouderie irritait Adolphe ; il se fâchait très sérieusement, je me fâchais plus fort que lui ; nous nous disputions cinq minutes, nous nous raccommodions... le plus longtemps possible.

A mon retour, ma mère me battait, et,

quand j'avais été bien battue, je m'endormais en rêvant que j'effeuillais des marguerites, qui toutes me répondaient : *Pas du tout;* que je me disputais avec Adolphe et que... — C'était-là du bonheur !

Un beau jour, Adolphe me planta là : je le pleurai, et je pris Charles; — après Charles, vint Gustave; après Gustave, Ernest !... Mais que mon bonheur s'appelât d'un nom ou d'un autre, il était toujours vif, toujours neuf, toujours piquant; car il était entremêlé de hauts et de bas, — de beaux jours et de tempêtes, — de serments d'amour et de scènes de jalousie. — Oh! les scènes de jalousie de Charles! les emportements de Gustave! les fureurs d'Ernest! les larmes que tous ils me faisaient verser! les injures dont je les accablais! les *bleus* que je leur *faisais* aux bras et partout! les coups d'ombrelle que je leur distribuais — quand à la promenade, au spectacle, au bal champêtre ils avaient l'air de regarder une autre femme que moi! — qu'il y avait dans tout cela de délices, de charmes et d'enivrements!!...

Oh! ces cinq années de misère, qu'elles furent belles!...

Moins belles cependant que mes cinq années de théâtre!!...

Qui me rendra le jour de mes débuts! J'avais vingt ans alors, je jouais mal; mais j'étais si jolie, que les cœurs tendres me pardonnaient d'être mauvaise.

Certains critiques disaient que je ferais mieux d'avoir un peu moins de beauté et un peu plus de talent. Ces critiques ne me déplaisaient pas, tant s'en faut! Et quand d'une part on criait : « Bravo, Zerline! » et que de l'autre on hurlait : « A bas Zerline! » cela me fouettait le sang et j'étais heureuse, mais heureuse!!!...

Et ce qu'il y eut de plus adorable dans ma carrière théâtrale, c'est que, pendant les cinq années que j'ai vécu sur les planches, je n'ai pas été un seul instant médiocre; — pas si sotte, ma foi! — Ou j'étais admirable, ou j'étais stupide; ou l'on me jetait des couronnes, ou l'on me criblait de sifflets. Parfois même les projectiles, — cuits ou non, — se mêlaient de la partie. Alors je rentrais chez moi la mort dans l'âme; je me tordais dans mon lit en criant de toutes les forces de mes poumons : « Oh! infâme, infâme public!... » Dans ces nuits-là j'étais comme cet empereur qui souhaitait que toutes les têtes du peuple ne formassent qu'une seule tête, afin qu'il lui fût possible de les trancher toutes d'un seul et même coup. — J'aurais tenu le public entre mes dix ongles, que je l'aurais étranglé.

Puis le lendemain, comme l'affront de la veille m'avait mis le diable au corps, j'étais sublime, j'allais aux nues; on m'accablait de bravos, on m'ensevelissait sous les fleurs.

Oh ! alors, j'aurais voulu serrer le public entre mes bras, le couvrir de mes baisers ; j'aurais voulu me rouler à ses genoux et lui dire : « Tu es mon seigneur et maître, qu'ordonnes-tu de ton esclave ?... »

Ah ! c'était-là une vie noble et belle ; car dans cette vie il y avait des émotions, — et des plaisirs donc ! oh ! des plaisirs de toutes les couleurs !

Aujourd'hui une partie d'ânes à Montmorency et un dîner sur l'herbe adorablement — mauvais.

Le lendemain, un cabinet particulier chez Véry — et des truffes à la serviette... (je les aimais alors !).

Puis le bal du jeudi au Ranelagh, la fine contredanse, les gardes municipaux auxquels on faisait la nique en leur disant : « Mais, gar-
» des municipaux, mes amours, ce que je danse
» là est très-licite ; ce n'est pas le cancan du
» tout... Oh ! si je dansais le cancan, vous fe-
» riez très bien de me rappeler aux saintes lois
» de la pudeur... Mais entre ce que je danse et
» le cancan, il y a tout un monde... Tenez, je
» veux éclairer votre ignorance ; regardez bien.
» Voilà ce qu'on appelle le cancan, le vérita-

» table, l'unique... O gardes municipaux, ne
» confondez pas, je vous prie, l'or avec le
» chrysocale : la loi ne permet pas le cancan-or,
» elle tolère le cancan-chrysocale. »

Puis les amoureux qui sont jaloux se battent en duel, déjeunent prodigieusement, mais ne se tuent jamais.

Et mille autres joies!!..

Tandis que maintenant...

Maintenant je suis une femme de trente ans, une femme mariée, une femme que la considération entoure.

Maintenant je suis madame la baronne de Champignelles!... je suis riche, très riche.

Maintenant je ne vais plus en omnibus, — ces charmantes voitures où tant de genoux pressaient mes genoux, tant de pieds provoquaient mes pieds, tant d'yeux cherchaient mes yeux. — J'ai une voiture, j'ai des gens qui attendent mes ordres : j'ai un mari — qui n'est pas laid, qui n'est pas vieux et qui est bon... mais bon au delà de l'idéal; un mari qui, du matin au soir, s'épuise à deviner mes vœux, à lire dans ma pensée, à prévenir mes désirs; — un mari qui m'adore, n'a jamais adoré, n'adorera jamais que moi, — j'en ai la conviction !

Un mari qui n'est pas même jaloux, qui verrait l'univers entier me faire la cour et ne s'en épouvanterait pas; car il sait que je l'aime, — le lâche !

Je n'ai plus le droit de pleurer, plus le droit de m'irriter, plus le droit d'être triste; car mes souhaits se réalisent avant même que j'aie achevé de les former.

Si au moins le hasard m'envoyait un chagrin; — mais, non, rien !

Quoi, toujours un ciel serein? pas le plus petit nuage? Quoi, toujours une mer calme? pas un souffle de vent contraire? pas même le clapotement des flots !

Partout, toujours le calme plat !

Et voilà cinq ans que cela dure, et cela menace de durer tout le reste de ma vie!... Oh! oh! pitié, mon Dieu!... Le plus terrible de tous les fléaux, — l'ennui, — me sèche, me brûle, me consume... Pitié!...

Oh! mes chevaux, mes rentes, mes gens, ma baronnie, mon mari, — mon mari que j'aime, — je donnerais tout, — oui, tout ! — pour qu'un jour encore il me fût permis de m'appeler Zerline, de remonter sur les planches, de me retrouver en face du public, de l'entendre crier, rugir, s'enthousiasmer, applaudir, siffler, hurler d'un côté : — Vive Zerline !

Et de l'autre : — A bas Zerline!

Ou, — si vous aimez mieux m'accorder une autre faveur, mon Dieu ! — faites que je redevienne grisette, et qu'en ma présence Adolphe, — Charles, — Gustave — ou Ernest, ose regarder une autre femme!..

Ou, — si tout cela n'est pas possible, mon Dieu! — faites au moins que mon mari me soit infidèle, et que je le surprenne aux pieds de ma rivale !!!

CHAPITRE XI.

Danser un pas seule !

Angélina est une des plus charmantes, croustillantes, émoustillantes élèves de M. Barrez de l'Opéra.

Elle a dix-sept ans, la taille bien prise, la jambe nerveuse, le pied petit et cambré, les reins souples, l'œil fripon, le geste gracieux.

Soit hasard, soit cabale, Angélina n'a pu, jusqu'à ce jour, sortir du commun des martyrs. Elle concourt à former les *lointains*, et on la prodigue dans les *apothéoses;* et quand il s'agit d'être enlevée au cintre au bout d'un fil de fer, ou de traverser le théâtre, à dix mètres au-dessus du sol, soit dans une *gloire*, soit sur une *bande d'air*, Angélina a souvent le bonheur d'être choisie pour héroïne — mais c'est là tout !

Hélas ! ce n'est pas assez. L'ambition de cette sylphide en graine, son rêve — qui est aussi celui de sa mère, femme foncièrement respectable qui veut que les pieds de sa fille soient son bâton de vieillesse — serait d'entendre le maître de ballet prononcer cette phrase mémorable : « Ce soir, Angélina dansera un *pas seule*. »

Car une fois qu'on a dansé un *pas seule*, on n'est plus rat, on devient *sujet*. On n'est plus encaqué dans une loge à huit et à dix ; on a une loge à soi, des appointements sortables, et — ce qui vaut mieux que les appointements — on est en vue!!!... On n'a plus à craindre qu'une camarade jalouse confisque à son profit la lorgnette, les bravos et les extases de l'amateur. On peut, comme disait le grand Odry, « montrer ses talents » et les montrer sous leur aspect le plus favorable.

Voilà tantôt dix-huit mois que la pauvre Angélina court — accompagnée de sa respectable' mère — les bureaux des grands et des petits journaux pour solliciter des articles provocateurs, des réclames amies et des puffs officieux.

Les nombreuses visites faites par madame Larsondrix aux barons de la presse haute et basse ne produisent aucun résultat. Aussi, quand la mère de la danseuse est en tête-à-tête avec sa fille, quand toutes deux elles causent familièrement de leurs espérances toujours trompées, cette vénérable matrone ne se gêne pas pour dire — en écumant son pot-au-feu : —

« Les feuilles ne parlent pas encore de toi,

» *à ce matin...* Oh! les journalistes, c'est des
» tas de *Propre-à-rien ;* on les condamnerait
» tous à la guillotine, que l'Académie royale de
» Musique n'en irait pas plus mal... Voilà mon
» opinion sur le compte de ces barbouilleurs
» de papier. »

— Tiens, dit Angélina, qu'est-ce que ça me fait ?... (*Lançant sa jambe à la hauteur de son épaule*) : Maman, est-ce que le dîner n'est pas bientôt prêt ?

—Voilà, ma fille, voilà !... surtout ne mange pas trop. Tu sais que quand tu manges trop, tu n'as plus de *vent*...

—Oui, prends garde que je vais me marchander la nourriture pour mieux figurer dans les *espaliers*... Est-ce qu'un *espalier* a besoin de son *vent*... Je me priverais si je devais danser un *pas seule !*... Mais c'est un bonheur qui ne m'arrivera jamais... je n'ai pas de chance pour dix centimes...

Mais ne voilà-t-il pas qu'un beau jour une lettre arrive de l'Opéra, — une lettre administrative! — Elle est ainsi conçue :

« L'administration a l'honneur de vous pré-
» venir que, par suite d'une indisposition subite

» de mademoiselle ***, vous avez été désignée
» pour danser ce soir un *pas seule.* »

La mère et la fille ont à peine épelé cette lettre que madame Larsondrix se livre aux transports d'une joie des plus échevelées ; elle renverse sa marmite, elle bouleverse la cage de son serin, marche sur la patte de son chien, jette ses pantoufles en l'air, casse ses assiettes, chante, pleure et rit tout à la fois...

Quant à Angélina, elle ne casse rien, elle ne chante pas, elle ne rit pas, mais elle pleure à chaudes larmes.

Remarquant cette douleur, madame Larsondrix s'arrête; elle interroge sa fille, qui, entr'ouvrant l'immense tartan dans lequel elle est enveloppée, lui fait voir qu'elle n'a plus de taille et que son ventre a pris, sans que l'œil maternel s'en soit aperçu, un développement excessif.

— Eh bien! quoi? s'écrie la mère d'Angélina, qui voudrait douter encore.

— Ne devinez-vous pas que dans trois mois je serai comme vous...

— Comme moi?...

— Oui, comme vous, car, dans trois mois, je serai une mère...

Madame Larsondrix ne s'amuse pas à chapitrer sa fille. — Hélas! elle n'en a pas la force. — Elle pousse une clameur immense et tombe évanouie entre son chien, ses assiettes et son serin.

Angélina s'agenouille près d'elle, lui tape

dans les mains et, tout en sanglotant, elle se dit :

« Grosse infamie d'Auguste, va !... me mettre
» dans un état semblable juste au moment ou
» j'allais être appelée à danser un *pas seule!*...
» Reviens me conter des bêtises, je te recevrai
» bien !... Et ma mère, ma pauvre mère qui
» croyait pouvoir enfin s'acheter un chapeau
» rose avec des plumes ! Qu'elle coure après
» maintenant ! Ah ! elle et moi, nous sommes
» toutes deux — la femme la plus malheureuse
» de Paris. »

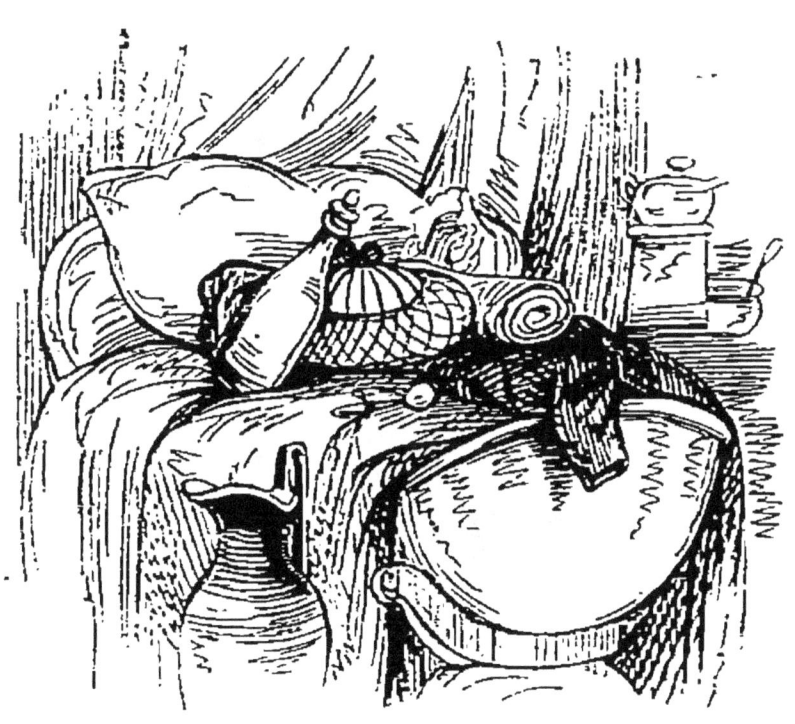

CHAPITRE XII.

Comment finit la femme la plus malheureuse du monde.

Comme te voilà gros et gras! dit le comte Almaviva à Figaro.
— Que voulez-vous monseigneur? La misère! La femme la plus malheureuse de Paris est du même tempérament que Figaro.

A force d'être malheureuse, elle finit par :

Engraisser monumentalement,

Avoir beaucoup d'enfants et de petits-enfants,

Et mourir alors qu'elle est dans son soixante-quinzième printemps.

Une larme sur la tombe de cette malheureuse, S. V. P !

TABLE.

CHAPITRE I. — Qu'est-ce que le malheur ? 5
CHAPITRE II. — Litanie FORT ABRÉGÉE des malheurs RÉELS auxquels un homme — honnête ou non — est exposé par cela seul qu'il fait partie de l'espèce DITE humaine. 17
CHAPITRE III. — Où l'auteur avoue une de ses infirmités, et pose une question. 30
CHAPITRE IV. — Ce qu'il y a de délicatesse dans le cœur d'une pâtissière. 39
CHAPITRE V. — La culotte d'Oscar. 51
CHAPITRE VI. — Une âme incomprise. 59
CHAPITRE VII. — La servante d'hôtel garni. 82
CHAPITRE VIII. — Beau côté de la médaille. 85
CHAPITRE IX. — Revers de la susdite. 94
CHAPITRE X. — Le calme plat. 104
CHAPITRE XI. — Danser un pas seule ! 116
CHAPITRE XII. — Comment finit la femme la plus malheureuse du monde. 126

FIN.

caricatures, les 99 centièmes de ce qui paraît en ce genre sont imprimés par elle; c'est dire qu'elle seule possède un assortissement bien complet des dessins comiques destinés à l'amusement.

ESTAMPES, — ALBUMS, — LIVRES ILLUSTRÉS, — CARICATURES, — RECUEILS POUR JETER SUR LES TABLES DE SALON, — MODÈLES DE DESSINS, — ORNEMENTS, — MOTIFS POUR LES DESSINATEURS DE FABRIQUE, etc., etc., etc.

ALBUMS DE POCHE. Sous le titre de *Miroir du Bureaucrate*, — *Miroir du Collégien*, — *Miroir du Calicot*, — *Miroir du Pique-Assiette*, etc., format des Physiologies et du prix infiniment modique de 50 cent.

FOLIES CARICATURALES, fort piquant album de salon, paraissant par livraisons remplies d'une myriade de folies grotesques. Prix de la livraison, 50 cent.

L'ALBUM CHAOS, ouvrage du même genre, dessiné à la plume et pouvant servir de modèle de croquis. La livraison, 50 cent.

HISTOIRES PLAISANTES DE MM. *Jabot*, — *Crépin*, — *Vieux-Bois*, — *Lajaunisse*, — *Lamchasse*, — *Vert-Pré*, — *Jobard*, — *Des deux vieilles Filles à marier*, — *et d'un Génie incompris*. — Prix de chaque album, 6 fr.

CHOIX IMMENSE D'OUVRAGES DE TOUS GENRES POUR CADEAUX D'ÉTRENNES, — SOUVENIRS DE VOYAGE, — LIVRES A GRAVURES, etc., etc.

Publications pour Enfants.

LA MORALE EN IMAGES, texte par MM. l'abbé de Savigny, — Léon Guérin, — O. Fournier, — A. Aurial, — Michelant et madame Eugénie Foa; — Dessins de MM. Alophe, — Beaume, — Charlet, — Jules David, — Devéria, — Francis, — Johannot, — Janet-Lange, — Louis Lassalle, — Léon Noel, — C. Roqueplan, — E. Wattier, et autres, publié sous la direction de M. Ch. Philipon. Livraisons de 25 cent., 40 livraisons forment un volume dont le prix sera porté à 12 fr. aussitôt qu'il sera complet.

LE PANTHÉON DE LA JEUNESSE, histoire des Enfants célèbres, 50 cent. la livraison. — LES SOIRÉES D'AUTOMNE, nouvelle morale en actions, 25 cent. la livraison. — LE VOCABULAIRE DES ENFANTS, — le LIVRE D'IMAGES, etc., etc.

En vente chez les mêmes Libraires.

PHYSIOLOGIE DU BAS BLEU, par *Frédéric Soulié*, dessins par *Vernier*.
Id. DU PROVINCIAL A PARIS, par *Pierre Durand (du Siècle)*, dessins par *Gavarni*.
Id. DU TAILLEUR, par *Louis Huart*, dessins par *Gavarni*.
Id. DE L'EMPLOYÉ, par *Balzac*, dessins par *Trimolet*.
Id. DU MÉDECIN, par *L. Huart*, dessins par *Trimolet*.
Id. DE LA LORETTE, par *Maurice Alhoy*, dessins par *Gavarni*.
Id. DE L'ÉTUDIANT, par *L. Huart*, dessins par *Daumier, Alophe et Maurisset*.
Id. DE L'HOMME MARIÉ, par *Paul de Kock*, dessins par *Marckl*.
Id. DU GARDE NATIONAL, par *L. Huart*, dessins par *Trimolet et Maurisset*.
Id. DE L'HOMME DE LOI, par *un Homme de Plume*, dessins par *Trimolet*.
Id. DU FLANEUR, par *L. Huart*, dessins par *Daumier et Alophe*.
Id. DE LA PORTIÈRE, par *James Rousseau*, dessins par *Daumier*.
Id. DE L'ÉCOLIER, par *Édouard Ourliac*, dessins par *Gavarni*.
Id. DES AMOUREUX, dessins par *Gavarni*.
Id. DE L'HOMME A BONNES FORTUNES, par *Édouard Lemoine*, dessins par *Gavarni*.
Id. DU CHASSEUR, par *Deyeux*, dessins par *E. Forest*.
Id. DU TROUPIER, par *Marco-St-Hilaire*, dessins par *Vernier*.

SOUS PRESSE :

Id. DU FLOUEUR, par *Ch. Philipon*, dessins par *Daumier*.
Id. DU DÉBARDEUR, dessins par *Gavarni*.
Id. DE LA GRISETTE, par *Louis Huart*.
Id. DU MUSICIEN, par *Albert Cler*.
Id. DE LA PARISIENNE, par *Taxile Delord*.
Id. DU VOYAGEUR, par *Maurice Alhoy*.
Id. DU BOURGEOIS, texte et dessins par *Henry Monnier*.
Id. DU DÉBITEUR ET DU CRÉANCIER, par *Maurice Alhoy*.
Id. DU COMÉDIEN, par *Louis Huart*.

Et beaucoup d'autres *Petites Physiologies* du même format et du même prix.

PARIS, IMPRIMÉ PAR BETHUNE ET PLON.

www.ingramcontent.com/pod-product-compliance
Lightning Source LLC
Chambersburg PA
CBHW060205100426
42744CB00007B/1170